从太行山到西南局

——雷保生革命生涯纪实

CONG TAIHANGSHAN DAO XINANJU

叶 鹏◎著

人民出版社

目　录

上篇　千里跃进转战南北

下篇　回转家乡献身煤炭事业

上 篇

千里跃进转战南北

一、十五岁被送大烟馆当"相公"

1922 年 3 月 27 日，雷保生出生于陕西省渭南县信义镇的南雷村。父亲雷成英与母亲雷陈氏辛勤持家，多年积累下来，家底殷实富足。在南雷村，雷保生的家境虽只能算中等偏上，但也有 25 亩地，两头牛，还有车，同时雇有一个长工。

南雷村当时有 90 来户人家，除去村西头的两三户外，绝大多数都姓雷。在渭南，南雷村属移民村。明朝洪武年间，雷家先祖兄弟二人加入移民人流，从山西洪洞大槐树下向西迁徙，最终落脚在渭南县信义镇。他们朝着老家的方向，在村东口栽下了几棵槐树，作为对故乡的怀念。

雷保生家属于弟弟这一支，他出世时，村头的几棵大槐树已经高大成荫，其中的一棵树干粗壮，两人牵手都搂抱不过来。

小时候的雷保生很是不幸，2 岁时丧母，因此心中完全没有亲生母亲的印象。7 岁时，父亲又娶了继母齐春霞。齐春霞三寸金莲，矮小精瘦，性格要强，直爽开朗，心地善良。她视雷保生为己出，关爱呵护，这使雷保生幼小的心灵上又有了母爱的温馨。

然而，继母的关爱却被残酷的天灾无情吞噬。早在春秋时期，关中就有"天府"之称。这里沃野千里，盛产小麦，气候宜人，自然灾害较少，人民生活富足安康。但民国十八年（公元1929年）的一次特大旱灾席卷关中大地，八百里秦川夏秋两季颗粒无收，饿殍遍地，饥民大量死亡或者外逃，人口骤减。大灾之后，渭南和大荔交界处建了一座雷峰塔，上面记载有"十室九空，赤地千里"，就是当年大灾的残酷印证，关中人称之为"年馑"。

雷保生的爷爷、母亲和一个叔叔在大灾后相继死去，家境从此走了下坡路。父亲雷成英先是尝试在离家15里地的故市镇卖馍，雷保生也跟父亲一起去卖，因卖不出去而改做豆腐生意。很快豆腐生意也做不成了，又到处收破烂和旧货。但做了不久，收破烂旧货也赔了，又改做贩卖牲口的经纪人。当贩卖牲口经纪人时不幸受骗，走投无路之下，就开始在自己的庄稼地里种鸦片。

大灾之后的关中大地，兵匪为患，政府救灾不力。为了迅速渡过灾害，很多人都选择了种鸦片这条快捷而危险的路。

一时，富饶的关中大地，艳丽绝伦的罂粟花到处开放，在风中悠悠地摇曳。鸦片是充满诱惑的陷阱，不仅吸食会堕入苦难的深渊，种植它的人也难逃万劫不复的命运。

很快，雷成英染上了吸食大烟的恶习，家庭破败提速。家里请的长工很快没有了，牛和车也被卖掉了。12岁的大女儿被送到仁义村去当童养媳，家里的25亩土地也一亩一亩地陆续卖了出去，只剩下了12亩。

雷保生15岁那年的秋天，家里实在养不活他了，就送他到故市镇上的大烟馆当"相公"。

故市镇南离渭南18公里，东距奇险峻秀的西岳华山70公里，西距省会西安 70 公里，是渭北政治、经济、文化的中心，素有"渭北首镇"之美誉。镇内的渭阳楼是著名的渭华起义发起地和指挥所。镇区内地势平坦，土质肥沃，盛产粮棉。但在 20 世纪 20 年代大烟盛行时，镇上的大烟馆就有三四处。

故市镇上的大烟馆并不供人吸食，而是把罂粟从果实熬制成固体的黑土大烟。在大烟馆当相公算是学徒工的待遇，自己带铺盖，没有工钱，只管饭。

雷保生当相公的烟馆有 3 个相公，他每天的任务就是担水、烧水、拉风箱，还要干一些杂活。当相公虽然没有工钱，但也不是谁都可干的活。雷成英多方托人请求，人家才给了面子，收留了雷保生。

烟馆里熬制大烟，通常在一口大锅里一次熬 100 两，里面含有 50 两打底的牛皮膏，还有蜈蚣、蝎子和其他的毒虫放在里面。为了竞争形成各自的制作绝招，每家烟馆的配方都不相同。

熬制大烟一次需要四至五个小时，经常熬到深夜甚至黎明。雷保生每天到深夜才能入睡，天不亮就被叫起干活。

1938 年的春季很快到来了，16 岁的孩子瞌睡大，有一天在熬烟时打盹睡着了，没火了，醒来把风箱拉急了，火势没能控制住，大烟熬沸腾溢出来了，流了一锅台一地。

虽然熬沸的大烟膏汁收拢起来还可以继续熬制，损失不到两成，但大烟馆老板发怒了，不由分说，立马把雷保生的铺盖卷扔到了街上，雷保生就这样被赶出了大烟馆。

雷保生背着铺盖，不敢回家，他无法对父母交待，更怕父亲打他。他在街上无目的地转悠，下意识地走了七八里地，竟然回到了他的家乡信义镇。

正茫然走着，突然有人从后面用布袋子把他的头罩住，随即几个人上来把他捆了起来，雷保生还没弄清是怎么回事，就被人蒙住头带走了。

等摘下头罩时，他已经被带到了渭南县信义镇联保处。来人把他往联保处的大铁门里一推，大铁门就锁上了，门口还有人端着枪站岗。

雷保生往屋子里一看，里面有五六十个男人挤在一起，人们都用淡漠的眼光看着他。雷保生这才知道，他被抓了壮丁。

那时的富人家里不愿当兵，通常塞给联保处一些钱，就被免去了兵役。而联保处的人就带着头罩，在街上游走，只要看见男性的穷人，不管认识不认识，只要年龄大致符合，头一罩就把他抓了起来，送进联保处，等凑够了数字，就送到国民党军队上去当兵。

雷保生只有 16 岁，远不够当兵的年龄，但他在大铁门的屋子里无处申述，家里人也不知道雷保生在这里发生的一切。屋子里被关的五六十人里，他一个也不认识。他们在联保处的房子里被关了近十天，人们每天都在议论纷纷，众说纷纭。

有人说，他们要被拉出潼关，送到前线去当炮灰。有人说，要把他们送过黄河，到山西阎锡山的队伍上去挡枪子……

人们在谈论中，竟然提到了一个雷保生熟悉的名字——张文华。张文华是 1928 年中国共产党领导渭华起义的策划者之一。他家是大地主，有次回家，张文华把家里的长工和债权人都叫了来。当着他们的面，把账单烧了，说我们家再也不会剥削你们了。这一举动在渭华一带影响很大，流传甚广。张文华后来脱党，解放后在陕西师范大学任教授。20世纪七八十年代，已80多岁的张文华还经常与雷保生互有走动。

渭华起义前后，张文华一直在渭南农村活动，在农民中做宣传鼓动工作。张文华曾在雷保生家停留过几次，还在雷家吃过饭，因此听说张文华的事，雷保生特别上心。

雷保生后来回忆：这五六十人中，肯定有张文华即党组织的人在活动串联。只是因为他当时太年轻，没有人直接和他说。

在谈论中，就听有人说，到国民党那里当兵不好，不如到北面洛川去当八路。当八路管吃、管穿，每月还发一个大洋。

人们在下面偷偷地议论出路，最后大约一半人，有26个人决定去投奔八路军，雷保生就是其中之一。

二、破窗逃壮丁，投奔八路军

7月中旬的一天深夜，联保处的房里开始有了行动。有人悄悄地打开铁锁，有人迅速往站岗的士兵口中塞进布条，随即把他们捆绑起来。26人趁着黑夜迅速地逃了出去，一切行动都非常周密和快捷。

雷保生等26人在黑夜里疾行奔走，经过蒲城，第二天到了白水县。天一亮，他们立即找个地方躲藏起来。

天黑以后，又立即出发，继续向北行走。昼伏夜出，第三天他们顺利到达洛川，来到了延安抗大总校驻洛川第六大队。

这26人在洛川城北十多里地的地方住了一个多星期，每天都在开会，不断有干部来了解情况。最后第六大队认为这26人的情况比较特殊，大部分文化程度不高，就把一部分人分到战斗连队去了。雷保生因为年龄小，就留在第六大队4队当通讯员。

4队驻在市头村东头，西头是阎锡山部队的一个连。当时山西的抗日统一战线已经形成，两支部队之间一时还相安无事。早上出操时，4队的学员精神抖擞，一个个挥臂迈步，喊声震天。阎锡山的那个连也出操，但是情况却有天壤之别。

阎锡山的兵出操时，每人脖子上都系了一根绳子，绳子又连到手臂上，然后再联到后面的人。大家出操时，只有一支胳膊能自由挥动，另一支胳膊被绳子紧紧拴在了一起。因为这些兵都是被抓来的，不把他们用绳子拴住，他们就会随时逃走。

阎锡山部队的这个连有80多人，每当发饷时，他们立即从附近的农村再抓来七八十人，胡乱起上名字。发饷要点名，这些人就充作假名额，主管军官用来吃空饷。

军饷一发完，这些农村人就被打发走了，连队立即放假，一放就是10天，每天赌博，直到把士兵手中的几个钱都吸到军官的手中为止。

这些腐败现象，更加深了雷保生对国民党统治的憎恶。相比八路军，完全是另一个世界。

4队的指导员对雷保生非常关心和爱护。发了军服，还有绑带，雷保生不会打绑带，指导员就教他。那时，国共合作关系还算好，军服是从国民党那里领来的，裤子前后都开口，雷保生不会穿，指导员耐心地给他示范。

雷保生不吃萝卜和香菜，指导员特地和炊事班打招呼，还给他搞了一小瓶油泼辣子，让雷保生感到特别温暖，觉得在部队比在家里还要好。

1938年12月1日，抗大总校第四期毕业在即，中共中央决定在晋东南创办抗大第一分校，就地培养干部。12月13日，罗瑞卿宣布中央军委决定：以何长工领导的第五大队、驻陕西洛川县城的第六大队为主体，加上驻延安的第三、第四大队各一部，以及驻陕西栒邑县（今旬邑县）看花宫的陕北公学栒邑分校大部，迅即编成抗大第一分校向晋东南进发。

1938 年 12 月 25 日，第一分校在陕西延长县召开分校成立暨东迁动员大会，罗瑞卿宣读中央军委命令：任命何长工为校长，周纯全为副校长，黄欧东为政治部主任。

就这样，雷保生成为抗大一分校 4 队的通讯员。他们 11 月从洛川出发来到延安，又从延安来到延长，在延长住了一段时间，准备过黄河，经正太路到山西。

从洛川出发前，部队领导动员说要准备长途行军，雷保生打听了一下情况，就用自己的津贴买了一双羊毛毡靴。

那时大批的知识分子和学生纷纷来到陕北，他们大都穿的是皮鞋，而长途行军草鞋最有用。很多新参军的学生都把皮鞋拿出来换草鞋，而一双皮鞋根本换不到一双草鞋。那时，一双草鞋可以抵换一套衣服，有人曾拿一套半衣服去换一双草鞋。

1939 年 1 月 3 日，抗大一分校 3000 余人从延长县向晋东南挺进，由延水关渡口东渡黄河。至 8 日，经山西永和、石楼等县，踏上吕梁山抗日根据地，进入敌我交错的游击区。

为使学校安全通过封锁线，何长工主动联系上八路军 115 师陈士榘支队，请求提供掩护。陈士榘支队作了周密部署，派出警戒并封锁消息，组织部队频频出击，迫使日军龟缩在各据点。

雷保生穿着毡靴行军，刚穿时很好，没想到毡靴越走越松，越走越长，最后变得很薄。他的脚很快就被磨破了，疼得走不了路。司务长见状，就给他牵来条毛驴，让他骑在毛驴上。雷保生的脚疼得很，脚不能抬平，抬平了就疼。只能垂直竖起来，时间长了，整条腿都麻木了。

雷保生和大部队一起跨越公路，公路早已被游击队破坏了，到处坑坑洼洼，为的是让日本鬼子的汽车跑不成。

过封锁线时，非常神奇，可能是精神高度紧张的缘故，雷保生的脚竟然不疼了，他拉着毛驴深一脚浅一脚地走，突然掉到了一个坑里，毛驴压在了他的身上。

雷保生用手抓住毛驴的两条腿，使劲往上一拱，毛驴被拱起来了，雷保生也顺势从坑里爬起来了。

何长工指挥部队趁着夜色通过冰冻的汾河，迅速通过敌人控制的同蒲铁路线。

部队来到了山西绵山，上山走了十几里地，部队休息。没想到这一休息，雷保生的脚又疼起来了，脚不能沾地，只好又骑上了毛驴。

绵山山势陡峻，层峦叠嶂，植被茂密，树木参天，相传是介子推抱母隐居之地，是寒食节起源之地。雷保生骑在毛驴上，印象最深的是看见山上野羊多得很，一群一群地从身边跑过。

大部队胜利地攀越了险峻陡峭的绵山，很快就到了武乡县蟠龙镇，抗大一分校校部就驻在这里，雷保生所在的4队在这里驻了段时间。抗大一分校整个部队1月21日胜利到达中央军委指定位置屯留县故县镇。

4队则驻扎在离校部不远的故障镇。这里有煤，生活条件也比较好，部队驻的时间较长，1939年整个一年，雷保生大都在故障镇度过。

三、在抗大一分校秘密入党

屯留县故障镇离日军很近，日军经常以五六十人为单位出来活动，抢老百姓的牛，烧老百姓的房，奸淫妇女，无恶不作。

抗大一分校的武器装备很差，基本科的学员都是连营级干部，他们那里每人一支枪，还配有轻机枪。4队基本上是3人一杆枪，3人中有两人各配一根梭镖。

雷保生被鬼子的暴行激怒了，他多次主动找到4队队长请战："我要到前方去打鬼子！"队长说："我们抗大学校这里就是前线啊，从这里到前方去必须经过学习，打鬼子必须要经过学习和训练才能走出去的。"

由于雷保生上前线打鬼子的愿望强烈，并且是多次向领导要求，组织上开始对他另眼相看。不久，雷保生的工作有了新的安排。一名新兵通讯员来了，雷保生正式成为了抗大一分校4队的一名学员。

雷保生在家时，只上了两年私塾，文化程度不高。他就在4队一面学文化，一面学军事。

1939年3月底，4队的党组织开始找雷保生谈话。谈话大都是在晚上进行，有五六次之多。这五六次谈话中，雷保生对党组织有了比较清晰的认识：这个党是为了穷人的，其远大目标是要解放全人类。

在雷保生的心中，他对共产党的认识比这几次谈话要早很多。他在洛川到了4队，4队的指导员关心他、爱护他，使他处处感受到组织的温暖。东渡黄河的长途行军转移中脚磨破了，4队的司务长又让他骑上了毛驴。雷保生感到，在八路军队伍里，只要遇到困难，组织上都会出面，帮助自己，拉自己一把。

还在洛川时，有一个镜头令雷保生终生难忘。那是一天下午，女生队的一名指导员在沟边看书。一只狼突然不知从哪里窜了出来，瞬间抓住了她的脖子。按照狼的习性，先抓脖子，只要你头一转，马上会咬住被抓住人的喉咙。

女指导员的性命危在旦夕，旁边的人都慌乱惊叫不已。但这位女指导员沉着镇定，动也不动，迅速从身上掏出手枪，对准狼头一枪将其击毙。一连串的动作，都是在瞬间完成。

这位女指导员的镇定和果敢对雷保生影响很大。他知道，这位女指导员就是共产党员，她经受了革命的锻炼，比男同志还要强。狼掐住了脖子还不慌张，还那么镇定。自己必须要好好学习，好好锻炼，做人就要做这样的人，接受组织的考验锻炼成长。

雷保生向组织表达了自己的认识和心愿，组织上派4队学员王季侠担任雷保生的入党介绍人。1939年5月1日的夜里，雷保生在驻地的一间房子里秘密宣誓入党。战争年代入党有一个月的预备期，一个月后自动转党。雷保生每个月交一次党费，一次一毛钱。

雷保生以后回忆，抗大一分校8个月的学习，奠定了他一生的成长。他对军事训练着了迷，上了瘾，每天顶多睡 5 个小时，其他的时间都泡在训练场上。

练刺杀，他每天要刺坏四五个稻草人。他还用枪刺刺树，一个星期过去了，树干上留下了碗大的窝窝洞。树不能再捅了，他就往石头上练突刺。他还用土制的器材练木马、练跳跃。

8 个月下来，两人多高的陡坡，他能一跃而下，一跃而上，大气不喘，面不改色，跟没事一样。他在路上走着走着，就可以随时腾空而起，跳跃前进。

1939 年，雷保生还不到 18 岁，正是长身体的时候。这 8 个月的训练，给他的身体素质强健打下了牢固的基础。以后再艰苦的战争环境，他都有应对的身体本钱。

在这 8 个月里，雷保生秘密入了党，心中有了奋斗的大目标，眼界也开阔起来，他明显地感到自己长大了。

对这一切变化，党组织都看在眼里。

四、任抗大一分校校长何长工的警卫员

1939 年 12 月，部队转移到山西壶关县。指导员找雷保生谈话。告诉他，你毕业了。

当时其他人差不多要学 2 年，而雷保生只学了 8 个月，但也一样毕业了，组织上分配他担任抗大一分校校长何长工的警卫员。

在以后漫长的革命生涯中，雷保生对何长工的历史才有所了解。何长工在 1929 年春保卫井冈山的战斗中右腿重伤致残，考虑到他的身体状况，加上他有过办军校的经验，长征结束后，中央决定调他到抗大工作。

1938 年 4 月，抗大第四期开学，共招收学员 5562 人，编为 8 个大队。这一期知识青年共计 4655 人，约占学员总数的 83%。面对众多知识青年，中共中央也需要一些有影响、有知识的共产党员去工作。

晚年，何长工幽默地回忆说："因为我有留学法国的经历，对知识青年有一

抗战时期的何长工

定的'欺骗性'，所以组织上决定由我担任第五大队大队长，王建安同志担任副大队长。"

雷保生到洛川后不久，何长工就担任了抗大一分校校长。

1939年2月23日，抗大一分校在山西屯留县故县镇举行第一期学员开学典礼，朱德、左权到会。朱德作了《敌后形势和斗争》的报告。第一期学员共3237人，其中在晋东南招收的八路军连、排职干部420人，其他为地方知识青年。一次性招收这么多学员，第一分校立即名声在外，校长何长工也成了晋东南响当当的人物。

1939年12月，雷保生拿着组织上开的条子（介绍信），到校部去报到了。一分校校部在一座类似寺庙样的建筑里。何长工驻处已经有了一个勤务员，雷保生去后，负责他的警卫工作。

临行前，队长告诉雷保生：警卫员的主要任务是负责首长的警卫及安全。首长外出时要多注意观察四周的情况变化，察看是否有可疑的人员出现。一般的人要见首长时，要先了解情况，报告首长后，才能带到首长的跟前。

何长工在院子里和雷保生进行了简单交谈，当听到雷保生说自己热衷军事训练时，何长工用手使劲地拍了拍雷保生的肩膀，他感到了雷保生身体的结实和健壮。何长工满意地笑了。

何长工告诉雷保生，每驻到一个村子，警卫员都要了解村子里的情况，有没有地主老财？他们有没有外出？要是外出，去到了哪里？家里还有些什么人？都要了解清楚。虽然有勤务兵，但警卫员也要照顾他的日常生活，特别需要注意的是，要和部队的干部战士保持一致，校长也不能搞特殊化。

抗大一分校山西省屯留县旧址纪念馆

抗大一分校展板前言

何长工校长经常下部队，检查学员的军事训练情况。有次晚上，他带了雷保生和5个司号员，还拿了两挺机枪，去到了女兵大队。女兵大队驻在一个大庙里。他带雷保生几个人走到女生队附近的山上，机枪"哒哒"就开始扫射了，5把军号齐鸣集合号，他要在女兵大队突袭式地搞一次紧急集合。

女生队虽然平时也有过类似的训练，但这次因为有机枪扫射，几把军号齐鸣，情况太逼真了，把很多女兵都吓懵了。部队集合后沿山路跑了两圈，问题出了一大堆：有人穿错了衣服，有人的背包在路上散开了……进入宿舍的大门，里面一片狼藉，很多应该带走的东西都没有带走，扔了一地。

何长工严肃地对学员说，我们是在敌人的夹缝里生活和学习的，我们如果不提高警惕，像今天这样，是要出大问题的。部队要吃败仗，很多人要没命。在战争年代，学校也要时时提高警惕，学生要有能力应对紧急情况发生。

为了备战，抗大一分校各学员大队经常突然搞紧急集合，每周至少要有一两次。或者是在半夜，或者是在黎明前。各班不准点灯，不准大声说话，迅速打好背包，带好武器（主要是手榴弹带）、米袋子、个人生活用具和书包，集体到集合场，看哪个班能最快到达。炊事班的同志也背着灶具一起集合，全队集合速度约十分钟，集合完毕，队领导简单说明敌情，即带队出发转移。全队拉练急行军，连跑带走一两个小时，天大亮到达目的地，进行讲评各班优缺点。有时还要求把个人背包彻底打开检查，晒晒太阳，直到完成训练任务后，才返回来吃早饭。

何长工平易近人，很关心驻地群众生活疾苦。为了了解群众的生活困难，他总是打破砂锅问到底，想方设法让群众说出难处。他说，你们有什么问题和我谈，我们才好互相帮助，克服困难。听到群众反映的困难后，他马上派部队帮助解决。

当地有些贫苦农民住房常年无钱无人力修理，或是房檐坏，或是屋顶裂，有风就往屋里灌，下雨屋里也到处滴水。何长工得知这些反映后，就组织战士们去维修贫苦农民破旧的房屋，解决了他们的心头之忧，很受当地老百姓的欢迎和拥护。抗大一分校驻在壶关，和当地老百姓的关系十分融洽。

"文革"期间的何长工

壶关那个地方粮食很难弄，想法儿搞到粮食，一直是何长工及抗大一分校工作的重点。壶关有日寇和伪军的据点，何长工就专门

20 世纪 70 年代后期的
何长工

组织了对付日军的精干小分队，每天天黑时，往壶关县城打上一炮，敌人的机关枪就要打上一夜，哒哒哒哒……甚是热闹。

敌人碉堡附近有不少村庄，日军不断向他们征收粮食，一分校的小分队经常用冷炮不断地骚扰敌人，开始敌人很警惕，常常用一夜不断的枪声来对抗，慢慢地就疲乏麻痹了。这时，何长工就指挥部队，乘机到敌人的眼皮子底下，把这些村庄的粮食拉了回来。

由于和当地的群众关系好，群众都愿意把粮食交给八路军。临走时还让八路军扔几枚手榴弹，打一阵枪。这就成为一个很好的借口，他们对日军说，八路军来把粮食都抢走了。有的群众甚至把粮食存放到一个地方，让何长工的部队去把粮食背回来。

不仅粮食紧张，连小米也很少见。各队需要到武乡和辽县（后改为左权县）交界山区和游击区（敌我都能去的地区）去背黑豆作为主食。为了解决吃粮问题，何长工真的当起了"长工"：他抽出全校三分之一的人力，自己带队到百里外背粮，有时还要长途跋涉到上党盆地，同敌人展开夺粮斗争。太行山区生活虽然艰苦，但广大教职学员却为自己能战斗在抗日前线而感到自豪，把这称为"抗大难忘的一课"。

背回的黑豆怎么变着花样吃，都不好消化，连吃的菜也都是自己发的黑豆芽，每当看到煮的黑豆饭里掺着小米时，大家就很高兴。黑豆都是学员每次来回走上四五十里山路背回来的，用自己的中式军裤做粮袋，两个裤腿一扎，装满粮后把裤腰一扎，往脖子两边一搭，背着就走。中途可休息两次，休息时粮袋不离身，路边一坐，靠着粮袋闭上眼，静静享受休息。一听口令"走啦""出发"，大家起身依次而行。背粮既艰苦也光荣。

五、跟抗大总校副校长滕代远练出好枪法

1939 年 11 月 3 日，抗大第一分校第二期开学典礼在壶关县神郊村举行，旋即奉命由晋东南迁往山东敌后办学。周纯全、韦国清带领分校领导机关和大部分教员东进，何长工则将一部分教员和第二期招收的 1300 多名学员组成留守大队，留守原地做好迎接抗大总校迁址晋东南的准备工作。

1940 年 3 月 20 日，抗大总校由延安东进，经晋察冀抗日根据地辗转抵达指定位置山西武乡县蟠龙镇，何长工立即带领留守大队前往蟠龙镇归入总校建制，分校第二期学员编入总校第六期继续学习。

一天上午，一分校召开全校人员大会，会场就是神郊村大河滩，会前，各大队都整齐地坐在背包上，轮流唱歌比赛，军政两个大队又联合起来拉女生大队，唱了一个又一个，气氛十分活跃。当校长何长工讲话宣布总校奉命来和一分校合并时，会场响起了雷鸣般的掌声和口号声。

几天后，一分校和总校在山西黎城县进行了合并。各大队合并但建制不动，增加了一个高干队。分别驻扎在停河铺、大小停河、

东西黄须、东西长恒等村。

4月，何长工改任抗大总校教育长，是总校新任副校长滕代远（原副校长罗瑞卿调任八路军野战政治部主任）的得力助手。

5月的一天，何长工对雷保生说，现在我是抗大的教育长，一般不用外出了，但滕代远副校长那里需要到处开会，还要出去检查工作，你就去给滕代远当警卫吧。我这里的警卫工作从警卫排里抽一个人来就可以了。

滕代远是平江起义的领导人之一，曾参与井冈山革命根据地的创建，抗战时在延安担任中央军委参谋长。他身材魁伟，为人严肃谨慎，考虑问题周密细致，处理问题很慎重，讲话很朴素，总留有余地。

他到抗大任职时，正值八路军发动"百团大战"。滕代远率领全校师生把战场当课堂。当时，抗大总校许多连队距离战场只有一二公里，学员和日军仅仅隔着一个山包，头上盘旋着日军飞机，耳边响着枪炮声，滕代远和教员授课不慌不忙，在山洼里上大课、山坡上会操有条不紊，敌人来了该打就打，敌人走了又开始学习。许多在课堂上搞不明白的作战指挥要素和关键点，在战后总结讲评时教员稍一点拨，学员就心领神会了，而且会记住一辈子。"战斗就是学习，学习也是战斗"成了抗大鲜明的办学特色，成为我军将领成长摇篮的独有风范。

在抗大办学方向上，滕代远既着眼于部队目前作战需要，更把眼光放到未来我军长远发展上。滕代远强调："抗大培养出来的学员决不能只是懂得战争规律的理论家，学员个个都首先应该成为带兵打胜仗的作战指挥员。抗大的教学是否成功，要拿到真刀实枪的

抗战期间的滕代远

战场上去检验。你的作战对手——敌人恰恰会是我们抗大学员学习成绩的评分员。"

滕代远经常挂在嘴边的一句话是："抗大总校出来的学员，军事本领一定要响当当。抗大总校不仅仅是学校，它就是名副其实的作战部队。"他这样要求部队，也这样要求警卫员雷保生。

雷保生到总校不久，一次滕代远带他外出。他们走进大山，树木茂密，看见了一只野鸡。滕代远要雷保生把野鸡打下来，雷保生拔出手枪射击，竟然没有打中，野鸡扑腾扑腾飞走了。

滕代远摇摇头说："这样的枪法遇见敌人哪能行！要好好练练。"他对雷保生讲起了苏联元帅伏罗希洛夫的故事，他说，伏罗希洛夫枪法精准，指哪打哪，有次用手枪点射打出了伏罗希洛夫名字的俄语字母。滕代远说，这样的枪法才堪称真正的军人。

那时，滕代远刚从苏联学习回国不久，他从苏联带回了一支手提式冲锋枪，还有4000发子弹，都交给了雷保生保管，在当时艰苦困难的战斗环境中，拥有这样的武器装备极为难得。

4000发子弹被雷保生分装在3个铁箱子里，一有外出，就放在马鞍子后面的两个皮兜子里。雷保生身上也全副武装起来，随身带有5个子弹梭。滕代远要雷保生随时随地苦练射击本领。

过去，雷保生练习刺杀上瘾。在滕代远身边，雷保生又对射击着了迷。只要是不外出单独执行任务，他都要到处寻找合适的射击目标。

在驻地附近，雷保生找到了一个山洞，经常在洞里苦练射击。雷保生每发射一枪，就把子弹壳保存好。战时条件艰苦，回收子弹壳，可以供八路军总部黄崖洞兵工厂复装新的子弹，雷保生可以凭子弹壳领回新的子弹。用过的子弹壳可以反复使用3次。

一段时间后，雷保生的枪法技艺提高很快。只要河里有鱼游过，他伸手一枪就可以打中。20米开外，只要有活物飞出，他掏枪瞄都不瞄，顺势一击，就可以将其击毙。对于雷保生的枪法进步，滕代远十分满意。

滕代远每天早上天不亮就起床，站在驻地的山坡上，看抗大学员出操。有时他骑马到各大队去查看。滕代远的驻地到部队有两条

抗日军政大学总校在河北省邢台县浆水镇前南峪村旧址

抗大总部旧址

路，一条是从河边走，要远点；一条是翻山，要近点。他多半骑着马沿河边去部队察看。他出去的时候，雷保生都紧随其后。

很多时候，天不亮他就到了操场，那时学员都还没到。他就站在操场边，看学员们跑步前来集合，看他们出操训练。滕代远注重的是抗大学员投弹射击技术的提高，摸爬滚打战术的演练，还有单杆、双杆、木马的体能素质培养。从学员的训练中，滕代远可以感受到指战员的精神面貌。那时训练器材匮乏，没有木马，就用人来代替。一个战士跳过由其他学员弯腰充当木马后，就自动进行替换，成为新的木马教具，由下一位战士训练跳过。

滕代远还喜欢到课堂听教员讲课。他在延安担任中央军委参谋长，现在又是主持工作的副校长，自然引人注目。有些教员开头还有点紧张害怕，慢慢地也就习惯了。滕代远听课很少发表意见，但是他坐在那里，对抗大的教学就是有形的督促和激励。他也适时地提出意见，对教员的教学质量提高也有很大的帮助。

滕代远的骑术很好，他爱骑烈马，别人根本骑不成。滕代远驯马很有一套，他跳上马，如果马不驯服，他就能很快地往马的肩胛骨处一踢，这是马的软肋。往往他脚一踢，烈马也得要跪下。他善于使用缰绳，他把缰绳往身上紧紧一勒，往往烈马就不再乱蹦乱跳，只能顺着缰绳团团打转。

红军时期的红三军团司令员彭德怀和三个政治委员李富春（左一）、杨尚昆（右二）、滕代远（右一）

在他的影响下，雷保生也喜欢上了骑烈马。雷保生认为，驯服烈马有一种征服的胜利感，这对军人的斗志和意志，都是很好的锻炼和检验。

在黎城县西井村，雷保生还见证了彭德怀和滕代远之间的深厚战斗友谊。1940年夏季的一天，滕代远因饮食不当，急性肠胃炎发作，衍变成痢疾，病情十分严重。彭德怀得知消息后，马上通知

1938年10月在延安机场，右起：徐海东、贺龙、彭德怀、周恩来、朱德、邓小平、滕代远、罗荣桓、萧克、关向应

卫生部派出最好的医生前往救治。由于放心不下，他还把自己警卫员珍藏的肠胃药全部带上，亲自前往探视。

彭德怀见滕代远脸色蜡黄，出现浮肿，十分焦急。他一面安慰滕代远安心治病，一面组织医疗力量努力诊治。

滕代远见彭德怀带了自己备用的珍贵药品亲自前来探视，心情格外激动，紧紧握着这位老战友的手道谢不止。

彭德怀批评了滕代远，他说，高级干部的身体也是属于革命的。在复杂的

彭德怀在太行山敌后根据地

斗争形势里，你滕代远不注意保护身体，中央要我批评你，说不定还要给你处分。滕代远笑着接受了。

彭德怀带了几根从敌人那里缴获的香肠送给滕代远。快要吃中饭了，雷保生就把香肠切了放在一个碗里端了上来。没想到两位首长都笑了起来。

雷保生不知是怎么回事，彭德怀笑着说："香肠要蒸熟了才能吃，你看看，这还是生的，怎么吃?"雷保生从来没有见过香肠，因而闹出了小笑话。

由于总部工作繁忙，彭德怀不能久留。临走时，他要把带来的药品全部留下。滕代远知道彭德怀也患有严重的肠胃病，身边离不

参加六届六中全会部分人员合影。左起前排：高文华、彭真、曾山、张纯清、贾拓夫、朱理治、郭述申；后排：李维汉、贺龙、徐海东、朱德、彭德怀、萧劲光、萧克、滕代远

了药品，就谢绝道："彭总，我知道你的肚子也不好，这些药品你就拿回去吧，我已经不碍事了。"

彭德怀笑一笑，说："眼下这种药很紧缺，还是给你留着吧！我的身体现在比你强，就是犯了病，我也有法子对付它。"

六、在与日寇的战斗中光荣负伤

　　转眼间到了 1940 年，抗战进入了最困难时期，由于日寇的侵略、封锁，同时国民党坚持的反共政策，国共合作初期答应给八路军的给养经常借故拖延不到位。边区的财政在很大程度上只能依靠从老百姓那里去征集公粮解决问题。对于老百姓来讲，那几年北方连年旱灾，收成不是很好，老百姓感觉负担非常重，征集公粮成了问题。虽然大家努力节约，尽量减少开支，但是抗大总校还是到了揭不开锅的地步。

　　面对困难局面，抗大总校滕代远副校长多次召集会议，研究对策，决定从日本鬼子手中夺粮食，补充学校给养。1940 年 10 月，经过侦查，以及老百姓提供的情报，确认在赞皇县西部，近几天日本鬼子要给碉堡运送粮食以及其他给养，情报可靠。得知这一消息，滕代远亲自布置作战方案，准备打一个伏击战，夺回粮食补充学校给养。

　　赞皇是革命老区，曾为民族解放做出了巨大的贡献，群众基础非常好。抗战期间，赞皇儿女踊跃参军参战，1800 多人血洒疆场；赞皇父老倾其所有，支援抗日前线，赢得了"冀西十三县，赞皇是模范"的美誉。

在群众的掩护下，抗大总校组织了一个连的兵力，埋伏在公路两侧，同时安排1000多民兵、群众作为后援，能够快速帮助搬运粮食、给养。

滕代远命令校部警卫连长王三福指挥这次战斗。王三福是四川人，年纪不大，当时也就是二十六七岁的样子，很小就参加革命了。他原来是红四方面军的，参加过长征。西征时，在甘肃兰州附近的一次战斗中被打散了，找不到部队。但他对党忠诚，凭着坚强的革命意志，一个人翻过秦岭，先是到潼关，而后过黄河来到山西，一路乞讨，最后终于找到抗大总校，回到了革命队伍。

滕代远很器重王三福，经过考验，把他留在校总部担任警卫连长，也是雷保生的直接领导。王三福经常给雷保生讲红军长征路上爬雪山过草地艰苦斗争故事，讲红四方面军英勇悲壮的战斗历程，还手把手教雷保生军事技术。他们俩在工作、学习中建立了深厚的革命情谊，可以说是生死与共。

王三福参加过多次反"围剿"战斗，作战经验丰富，军事技术过硬。他枪法准，作战灵活，最重要的是以身作则，打仗时敢于冲锋在前。这次战斗中，他安排雷保生担任机枪班副班长。

战斗在上午打响。鬼子的运输队一进入埋伏区，只见王三福冲锋在前，"啪！啪！啪！"3枪就击毙了敌人3个头目，敌人一下乱了方阵，一些伪军丢下物资四处逃窜，几个日本鬼子还在顽抗，已经无济于事了，很快就被击毙了。

但王三福的行动也暴露了自己，碉堡里的鬼子发现了他，数支枪口对准他一阵猛扫，虽然有一辆大车作掩护，但鬼子的射击过于密集，王三福中弹倒下了，倒下时，他的手还指着前方。

雷保生看到这一切，玩命地指挥机枪班压住敌人碉堡火力，同时组织战士和群众抢运物资。他挥了一下手，突然感觉自己的左手掌开始流黑水了，当时也没有感觉到疼，抬起手一看，哪里是黑水呀，满手掌都是鲜血，原来左手掌被敌人的子弹打穿了。到这个时候雷保生才开始感觉到钻心地疼痛。

简单包扎了一下，雷保生忍住伤痛，和另一位战士把王三福的遗体转移到一片芦苇丛中隐藏起来。到第二天晚上，才把王三福的遗体运出来，雷保生含着眼泪亲手给他穿上干净的军装，把连长埋在附近的一座山岗上，好让他亲爱的战友、亲爱的兄长能够亲眼看到抗日战争的胜利，革命的胜利！

这一次伏击战打得很漂亮，从敌人手中夺回了很多粮食、牲口，还有其他给养，滕代远命令把一部分牲口分给群众，一部分粮食则留在抗大学校。

但雷保生失去了亲爱的领导和战友，多少年来每每想到此，还是忍不住热眼挂胸。滕代远得知王三福同志牺牲的消息后，连声叹息："太可惜了！""太可惜了！"他难过得当天晚饭也没有吃。

雷保生手掌负伤了，经过治疗有好转，但伤口老是不能愈合。当时抗大的医疗条件有限，雷保生没有办法，只好带伤坚持工作。有一次雷保生去八路军总部送信，在路上经过晋察冀军区医院，也就是后来的白求恩医院，在那里他做了手术，估计是子弹打断了神经，虽然以后伤口愈合了，但手掌再也握不拢了。

解放后，雷保生被认定为三级残疾，国家给他颁发了《残疾军人证》，享受优抚待遇。

七、浆水镇前南峪的艰苦岁月

抗大总校于 1940 年 11 月 4 日转移到太行山东麓浆水镇前南峪一带。浆水位于太行山腹地，东临冀南平原，西与山西毗邻，古称夷仪，周朝时曾为邢国都邑，素有"依山凭险，形胜之国"之称。这里四面环山，山高林密，山势险要，能攻能守，易守难攻，战略位置十分重要；这里靠近八路军总部和北方局驻地，又是 129 师开辟最早的太行革命根据地之一，群众觉悟高，环境比较安定。

抗大总校到浆水后，校部驻前南峪，政治部驻浆水，供给处驻河东村，卫生处驻安庄，医院驻桃村坪。学员队分散在附近几十个村庄驻防。

在浆水镇最大的问题是做饭没有柴烧，必须经常上山去扛木柴。由地方政府指定附近的山，炊事员先期去伐好，锯成三四十斤一段一段的，每班轮流去扛回来。扛柴也是一件很艰苦的劳动，路程虽然比背粮近，但硬邦邦扛在肩上很不好受。好在都年轻不怕吃苦。生活劳动再苦，大家为革命谁也不发牢骚不叫苦，感到是一种锻炼和光荣。

滕代远在抗大总校工作期间，正是华北敌后抗日根据地经济条

抗大总校外环境

抗大总校——太行山最绿的地方

今日前南峪

今日前南峪外景

件非常困难的时期。学校驻地是山西、河北最贫瘠的地区，华北一带连年遭受水、旱、虫灾，加上日、伪军的"扫荡"和国民党杂牌军的不断骚扰，邢台山区的生活条件异常艰苦，给抗大办学带来极大的困难。

吃的基本上都是在武装掩护下到 50 公里以外的游击区或靠近敌占区的内丘、赞皇等地背回来的高粱米和黑豆，干粮是柿饼拌米糠碾的炒面。

为了从生活上保证教学，滕代远号召全校人员艰苦奋斗、勤俭节约，提出"节约一分钱，增加一分抗日力量"，总校实行严格的预算和决算；后勤部门自己动手建起了豆腐房、畜牧场、粉坊，开办了制造被服、鞋袜的军工厂和合作社，生产经销日用品和学习用品；学员们利用驻地房前屋后开荒造田，种植瓜果蔬菜、喂猪养羊，自己碾粮磨豆、砍柴挑煤，做到蔬菜、烧柴自给。

滕代远经常一个连队一个连队地检查伙房，要求大家想方设法让一线教员每周能吃一顿馒头。除了寒冬腊月外，滕代远和何长工一起跟着大家打赤脚，保证反"扫荡"、行军打仗时有鞋穿。他幽默地说："打赤脚好哇，如来佛就打赤脚嘛！赤脚能当大仙，还能练出铁脚板，打仗行军都方便。"部队被褥短缺，达不到每人一套，夏秋季节很多学员就和衣而卧，学员们依然乐观风趣。面对困难，抗大师生自己动手，开荒种粮、种菜、背粮打柴。

在浆水两年多的时间里，抗大总校不仅在十几里外的虎头垴开荒地一百多亩，而且连续三个春天到 100 里之外的山西省南天池一带开荒种红薯。抗大总校为了不给当地群众增加负担，校务部组织征粮队、运输队到游击区，甚至到敌占区去采办粮食，路途中曾几次与敌人遭遇，有的同志为此牺牲。

建立在河北邢台前南峪的抗大纪念碑

学习与生活用品也非常匮乏，抗大师生发扬延安精神，自己动手发明学习与生活用品的替代品，学员用树枝做笔，在地面上练习写字、做习题，用锅底灰涂，在光滑的墙壁上当黑板。行军野营时，在地上设沙盘，以木棒代替粉笔。上课没有桌凳，就用背包做小凳，膝盖当课桌。没有教室，树荫下、庙堂里、戏台上，甚至群众弃之不用的牛、羊圈都成了他们的课堂。

1942年，日军华北方面军总司令冈村宁次集结6万重兵，以"铁壁合围""铁筒封锁"等策略和"梳篦"战术，分多路对我华北敌后抗日根据地进行"拉网大扫荡"。八路军总部、北方局机关和

胡耀邦题写的抗大纪念碑

抗大陈列馆全景

抗大陈列馆

抗大总校是日军"扫荡合击""重点歼灭"的主要目标。冈村宁次叫嚣："消灭了抗大就是消灭了边区的一半！""我宁肯牺牲 20 个日本兵换一个抗大学员，牺牲 50 个日本兵换一个抗大总校的干部！"

5 月 21 日，日军四路合击占领了位于河北邢台县浆水镇的抗大总校驻地，依据抗大总校提出的跳出日军合击圈最佳时间点选择的"利害变换线"理论，滕代远决定使用"敌进我进"擦肩而过的战术到日军背后去打击敌人。日军队形密集，而抗大总校非战斗人员多、物品多、行动不便、作战兵力只有一个警卫连，滕代远命令抗大总校领导三人各带一部分部队，供给、卫生、后勤等部门就地分散隐蔽，最后在王蒙寨山谷会师。

滕代远与教育长何长工率领的部队会师路罗镇后，果断决定"连夜突围"。部队以急行军速度穿插在日军的重重"扫荡"包围中，第二天拂晓顺利地摆脱了日军的合围圈。

到抗大总校以后，雷保生单独骑马执行任务的时候明显多了。

杨成武题写的抗大陈列馆

抗大陈列馆

一次，他到八路军总部去送文件。走到半道上得到消息，总部已经转移，地址不详，很可能在某个村庄附近。等他赶到新地方后，天已经黑了，当他报出名字与单位后，有人出来把他接进了村子。

完成任务后，他迅速离开。走在林子间的小路上，他似乎有点迷路。正好在这时，他遇到了一个人，雷保生向他打听道，来人说正好同路，不过还有一个同伴就在附近的村子里。他要雷保生等他一会。

这个人一离开，雷保生就警觉起来：天都黑了，在林子里突然遇到身份不明的人，还说去找同伴，这里面的危险太大了。他立即策马向附近的山上跑去，一口气跑出了很远，他觉得安全了，才停下来分辨回去的道路。这时他在山上往下望去，看到那人带了四五个武装人员来抓他。

还有一次，他出去执行任务。一个下午连续翻了三座陡峭的大山。虽说是骑马，太陡峭处也要下来牵着马攀爬。反反复复，等爬到第三座山的山顶时，山顶上是一大片平地，路边还有一个小饭店。

雷保生外出执行任务，是没有干粮的。部队条件不好时，他身上背的是黑豆高粱米；部队条件有改善时，他身上背一袋小米。有时带得多，有时背得少，饿了找个地方用身上背的黑豆、高粱米、小米换饭吃。

这天他背的是小米，他走进小饭店，这家人卖的是莜面。一下午爬山实在是太累太饿了，一进门，雷保生就对饭店的老板说："我要一斤莜面。"店老板一听吓坏了，他说："我们这里没有人敢吃一斤莜面，吃这么多要死人的，你就来半斤吧。"

抗大在太行山旧址指示牌

抗大陈列馆

抗大陈列馆陈列的滕代远、何长工塑像

抗大陈列馆

　　雷保生听从了店老板的话，吃了半斤莜面，在店里住下了，准备天明再走。结果不到半夜，他的肚子开始胀起来了，原来莜面食用过量容易导致胃肠道不舒适，消化不良。雷保生又累又饿，莜面吃多了，半夜里莜面在胃里急速发酵，他觉得烧心发堵，再也睡不着了。

　　无奈之下，雷保生只好半夜里骑上马继续上路爬山，返回了抗大总校。这次幸好没有酿成意外事故。

八、筹粮遇上日军"扫荡"，活捉鬼子小队长

1941 年下半年，抗大粮食十分紧张。快接近年末的一天，雷保生随司务长等一行五六人前往靠近敌占区附近的一个大一点的村子准备筹些粮食。刚刚进村看到的景象让人惨不忍睹……

日本鬼子大约在半小时前刚刚扫荡了这个村庄，有些房屋被烧，还在着火冒烟，村里道路旁有零零散散的尸体，家属在痛苦地哭嚎……粪坑里还有几个被日军刺刀刺死后扔进去的人，仔细看还有一个人在动……

雷保生他们顾不上悲痛，赶紧帮助老乡们救人、灭火。忙碌了一阵后，大家似乎忘记了筹粮的事，一心想帮乡亲们报仇，找鬼子算账。一番筹划后，他们了解到，另一个村子有一个"维持会长"，思想进步，为人很好，还掌握一手酿酒手艺，日本鬼子经常到他那里要酒喝，尤其是距这里几公里外一个炮楼里的鬼子小队长特别贪酒……

司务长和雷保生他们当天没有回去，连夜策划了一个大胆的方案。至今雷保生都特别佩服这位司务长的足智多谋和胆大心细，只可惜名字记不起来了。只记得司务长也是参加过长征的红军，枪法

好，身体特别结实，当时也就 25 岁左右。

经过一夜筹划和近一天的精心准备，第二天下午，雷保生随司务长与那位会酿酒的"维持会长"三人抬着两坛子酒和一些下酒菜，前往鬼子的炮楼，其余人员和部分民兵约 10 余人在外围隐蔽支援、掩护。

鬼子的炮楼坐落在一个山上，山虽然不高，但有四五层土坎，类似现在的梯田，每层土坎高差约两米左右。他们三人化妆打扮一番后来到鬼子炮楼前，看到这个"维持会长"亲自送酒上门，鬼子小队长就迫不及待地下来要尝酒。雷保生他们筹划的几套诱使其下来的方案还没有怎么用，这家伙就自己下来了，出乎他们的预料。在尝了几口下酒菜后，他更加放松了警惕，连炮楼上站岗的哨兵也有些心不在焉了。

这时，只见司务长一个锁喉卡住了鬼子小队长的咽喉，又用毛巾堵住嘴让他发不出声，雷保生则抱住其双腿往土坎边上拖拉，等快到第一个土坎边沿时，炮楼上的哨兵才发现，这时他们三人连同被捉住的鬼子小队长已经一起跳到了土坎下，炮楼上的鬼子由于射击角度问题根本打不到他们，更不知道他们在土坎下什么方向，只能胡乱射击。此时，其他掩护人员也开枪还击，敌人摸不清情况，不敢盲目出击。

这个鬼子小队长个子虽然不高，但身体很结实，使劲往地上爬，拖着走很费劲，雷保生他们事先准备好的锥子（当地妇女纳鞋底用的）派上了用场，他们几个人一边拉一边不时用锥子扎其屁股几下。就这样，他们又翻下了几个土坎，拉着这个鬼子小队长回到了村子里。

村民们听说八路抓了一个活鬼子，都上来要打死这个坏蛋，八路军有纪律，不能杀俘虏，但老乡们的愤恨又不能不顾，雷保生他们想了一个办法，让每家选一个代表，每人打一下，不能用东西，不能打要害部位。尽管这样，这家伙也被打得鼻青脸肿，嘴里叽里咕噜着日本话，谁也听不懂。事后，他们安排两名战士把这个鬼子小队长押送到了八路军总部。

直到这时，雷保生他们才想起来这次出来是来筹粮的。当老乡们听说八路是来筹粮时，纷纷把家里藏起来的粮食拿出来给他们，他们则拿出"铜板"按市价购买，有些老乡为表达谢意坚决不要"铜板"。这种军民之情在那个年代体现得淋漓尽致。

就这样，雷保生他们圆满地完成了这次筹粮任务。

九、在太行山麻田八路军总部

1942 年 5 月，八路军副参谋长左权在反"扫荡"中不幸牺牲，中央军委调滕代远任八路军前方总部参谋长，同时继续参与北方局的领导工作，雷保生跟着滕代远，骑着牲口走了大半天，从浆水镇来到了麻田。

1941 年 7 月 1 日，由于抗日战争的需要，八路军总部机关从辽县（今左权县）武军寺村移驻麻田村，一直到 1945 年抗日战争胜利才离开。在这前后，中共中央北方局、129 师司令部、新华日报（华北版）社等 150 多个党、政、军、学机关进驻麻田及周边。

麻田地处太行山谷之中，滨临清漳河畔，环村奇峰林立，地势险要，一向有省界屏障、锁钥晋疆之称，为历代兵家必争之地。

当年八路军总部选址非常看重两个条件：一是要在村边，二是要有前后门。这个院子是县城财主刘三柱的，正好符合条件。从此，这个普通的大院便成了八路军率领华北人民进行敌后抗战的军事指挥中心。

当时，日寇在"变华北为大东亚作战兵站基地"的方针下，以边地蚕食、腹地"扫荡"等办法，妄图彻底摧毁我抗日根据地，斗

率领太行山军民战胜灾害时期的彭德怀

滕代远在八路军总部宿舍旧址

争十分尖锐而残酷。腾代远协助彭德怀，一方面指挥部队坚决粉碎敌人的"扫荡"，反击敌人的"蚕食"，并大量派遣武工队挺进敌后，开展游击战争；另一方面，实行精兵简政，发展生产，积蓄力量，准备反攻。

1942年5月反"扫荡"后，参战八路军部队普遍感到日军的体质强，训练好，善拼刺刀。面对这种情况，滕代远亲自抓部队和机关的军事训练，八路军总部机关不论干部、战士，每天天不亮就起床到操场练兵。当时有人还编了个歌儿，大意是：我们比太阳先起床，脚踏着寒霜上操场，上操场呀，上操场！身体不练不会强。学打、学跑、学爬山，反扫荡本领学个全，努力度过困难日，大家笑迎胜利年。

这期间，每天早晨，滕代远总是提前到达操场，主持操练。训练一个季度后，滕代远又组织了部队检阅。那次阅兵，八路军前方总部政治部主任罗瑞卿、后勤部部长杨立三都参加。检阅的范围包括司、政、后、警卫团等单位。阅兵以后，滕代远总结了经验，表扬了先进，提出了今后的训练任务，号召进一步抓紧练兵。

从此以后，各单位更重视练兵运动，总部机关干部战士的体质和战斗力有了很大的增强。在总部领导机关的带动下，前方的练兵运动也很快开展起来，从而大大增强了部队的体质和战斗力。

1942年前后，敌特对太行根据地渗透活动十分猖獗。一次滕代远参谋长要外出，雷保生为他备马。给马披鞍子的时候，一拿兜带，发现镫子上拴有一根细绳。雷保生顺着绳往前摸去，摸到了前面的皮兜子，他轻轻地撩开一看，里面藏有一颗炸弹。如果没有检查出来，滕代远骑马一踩马镫子，绳断了，必然会发生爆炸流血事件。雷保生感到脊背发凉，立即向滕代远和保卫科长张子轩报告，以后对首长的安全工作更加小心谨慎了。

事实证明，日寇为了剿灭八路军前方总部，确实派出了多路特务，执行暗杀彭德怀等领导人的计划。1942年的冬季，八路军前线总部正在举行热闹的军民联欢晚会。总部首长和地方领导以及当地群众欢聚一堂。彭德怀的警卫员王万兴，也高高兴兴地跑去参加晚会。晚上却突然被枪击中太阳穴死去。保卫部门很紧张，以为是特务干的，但经过侦查发现是王万兴开枪自杀的。

王万兴是总部警卫二班的战士，雷保生当年听到的传达记忆是：驻地的地主老财跑到了辽县，家里留下的小媳妇和王万兴勾搭上了，这个小媳妇要王万兴在给彭德怀喝水的杯子里投毒，因为彭德怀平时对王万兴很好，王万兴良心不忍，没有投毒，又怕暴露，自己掏枪自杀了。

根据 2006 年 1 月群众出版社出版的《杨奇清传》记载，当年八路军总部保卫部长杨奇清亲手处理这一案件。保卫部门根据现场留下的线索追查，查到了王万兴的恋人小梅，最终确认：小梅是山西的一个村民，村子被日军烧杀后，她被日军用金钱收买，并被带入特高课专门受训。

在执行日寇"C 号作战计划"中，小梅受命接近彭德怀的警卫员王万兴，诱骗小王枪杀彭德怀。但是，小王对彭德怀有深厚的感情，他没有对彭德怀下手，而是以自杀的方式结束了自己的生命。保卫部查出了小梅是日军派遣来刺杀彭德怀的特务，立即执行了枪决。

十、大生产运动中被评为"劳动模范"

从 1941 年起，日军连续发动"大扫荡"，推行"治安强化运动"，对太行山根据地实行更加严酷的经济封锁。再加上连续两年的自然灾害，旱灾、蝗灾接连不断，致使原本就十分困难的根据地更是无以为继。

连续几年的青黄不接，百姓生活很苦，缺粮的人家开始捋树叶、吃树根、挖野菜度荒。八路军总部驻地麻田和附近村庄，常常看到提筐挖野菜的妇女和儿童。部队战士也吃不饱，饿着肚子行军、打仗，甚至在严寒的冬天仍穿着单衣。

为减轻人民负担，军民共度荒年，八路军总部机关干部每人每天粮食定量从一斤半减为一斤，有时甚至不到半斤；衣服，鞋袜无法供给，办公文具几乎没有，一个信封都要反复使用多次。

早在 1941 年，彭德怀副总司令向八路军官兵发出了"咬紧牙关，渡过难关，增加生产，厉行节约"的号召，左权副总参谋长和罗瑞卿主任带头响应，机关部队节衣缩食，助民劳动，垦荒耕耘，生产自给，和太行人民同甘苦、共患难。

1943 年 10 月，129 师师部与八路军前方总部合并（保留 129

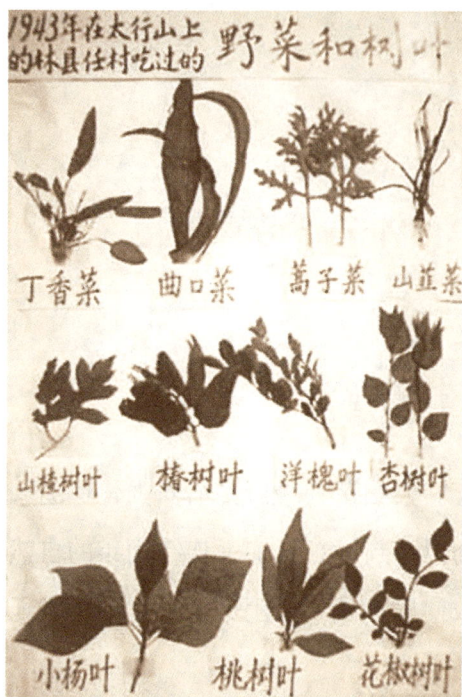
太行山可食用的野菜调查

师番号），中共北方局和太行分局合并，撤销太行分局，由北方局和八路军前方总部直接领导太行、太岳、冀南、冀鲁豫4个军区的敌后抗战工作。中共北方局代理书记邓小平主持北方局和八路军前方总部的日常工作。

1943年秋天，邓小平和北方局的宣传部部长张际春、委员刘锡五等人合作，征得驻地村干部的同意，承包了两亩公产水田，并向村里立下"军令状"，保证第二年按规定交田租、出负担。邓小平等人都缺乏种田经验，还特意在当地聘请了一位老农担任技术顾问，指导他们如何上粪、犁地和下种。每天清晨，天刚蒙蒙亮，邓小平一行人便早早起床，拿着铁锹、镢头，挑着箩头，来到地头，一块儿担粪、施肥、锄地。在几人的努力下，顺利完成了秋耕任务。

滕代远则从前总直属队抽调近百人，编成两个生产大队，亲自率领他们上山开荒，要求每人至少负责两亩土地，从开荒、播种、除草到收获，要负完全责任，贯彻到底。一年下来，滕代远除参加集体劳动生产外，个人还抽空另干农活。自己的地里上缴菜130多斤，节约鞋子五双、布袜两双、麻三斤、单军衣一套、棉衣一套，带头完成生产节约任务。

　　滕代远屋前种的一棵冬瓜长势特别茂盛，结果时最大的一个冬瓜重60多斤，后来被管理科副科长谢汉初用箩筐提走了，摆在总

八路军将士响应党中央和总部的号召，一手拿枪，一手拿锹，在太行山上开荒

大生产运动中，八路军总部以朱德、彭德怀署名颁发的"生产模范"奖旗

部直属单位纪念"九一八"13周年大会主席台上面，与会者都感到惊讶和兴奋。

八路军领导带头搞生产，是因为灾情严重，部队吃饭出现了问题。为了度荒，滕代远和后勤部长杨立三亲自找农民调查，采集了20多种能吃的野菜、树叶做样品。滕代远手中提着一个菜篮，里面装有能吃的和不能吃的野菜，向各单位行政干部推荐椴树叶子。他说："椴树叶子可以吃，含蛋白质多，我已经尝过了。"指示他们抓紧时间带队去多多采集，以这些野菜树叶和粮食一起煮饭吃。

刘伯承、邓小平连续发出指示，要求所属部队必须坚决节食节用。刘伯承没去延安前，坚持吃大灶，天天跟大家一起啃又黑又硬的黑豆面加野菜、树叶混合后蒸的菜馍馍。

作为大生产运动的主要领导人的警卫人员，雷保生铆足了劲，响应滕代远的号召，上山开荒。他身体好，干劲大，和另外一个战士一起，开生荒地一个来回，竟然能喝下去一桶水。

雷保生把捡来的破鞋底缝到草鞋上，防止利刺尖石剜破脚。每开一片荒地，还有几百斤树枝柴火，收工时，他们就吭哧吭哧地把这些柴火背到伙房。

开出的荒地种萝卜、土豆、荞麦、谷子、瓜果，还有麻。麻收获后可以做麻绳，打草鞋。总部机关在麻田小河沟还创建了水车，帮助农民群众旱地灌溉；垒了石头，围了沙地，种菜、种粮食；还在漳河边搞了两个纺棉线的小工厂，在河边修了电站，用来发电。一些单位不用油灯，改用起电灯。

那几年太行山蝗虫横行，是一大祸害。秋季里，蝗虫到处乱飞，铺天盖地，蝗虫飞过时天都变黑了，雷保生和警卫排的战士一起去捉蝗虫。蝗虫的蛋白质含量高，把头和翅膀掐去后是补充肉食的很好替代品。捉到了蝗虫可以自己留着吃，也可以拿出来换粮食。雷保生他们每捉一斤蝗虫，便可以换得一斤小米。这种"公私两利"的政策，也极大地调动了干部战士的生产积极性。

当年激励生产的政策非常灵活，切合实际。为了更好地开展生产和节约运动，滕代远和杨立三于1944年春提出了著名的《滕杨方案》，全称是《滕参谋长、杨副参谋长手订总部伙食单位生产节约方案》。这个方案贯彻了"生产有分行、劳动有报酬、公私两利"的精神，提出各单位自己解决3个月粮食和全年蔬菜的任务，并要求各军区、部队机关努力生产节约，用生产自救的办法来克服困难，坚持斗争。

其实这个方案在1943年就开始试点施行了，虽然也有不同的看法和议论，但滕代远、杨立三不为所动。在邓小平的支持下，1944年初以《滕杨方案》下发太行全军。

在《滕杨方案》的推动下，八路军总部机关的同志，自己种菜、养鸡、喂猪和开荒种地的热情得到了持续的激发。当年就开垦荒地500多亩，并种上了谷子、豆子、玉米、土豆、萝卜等，当年开垦的荒地由于土质好、肥料足，人们干劲大，获得了大丰收。有一个单位光是土豆就收获30多万公斤，自己吃不完，就用土豆烧酒，再把酒运到敌占区换回药品和枪支。

地方党政机关也取得了可喜的成绩，1944年太行区党政机关新垦荒地7629亩，共种地10332亩，生产细粮10.5万公斤，蔬菜75万公斤，平均每人自给两个月粮食和全年的蔬菜。

雷保生所在的警卫排种的菜根本吃不完，土豆、萝卜还有其他蔬菜埋了二三十窖，8月15日日本投降后部队转移时，全部送给了驻地的老百姓。老百姓高兴得很，说这下可好了。雷保生很自豪："当兵本来是吃粮的，我们不吃粮，还能交粮。"

由于干劲大，完成生产任务突出，1944年底，雷保生被评为总部机关的劳动模范，其表彰被记载于档案之中。

八路军总部机关的行动推动了其他单位生产运动的开展。根据地的军民一面打仗，一面生产，部队和群众的生活有了较大的改善，打破了日寇封锁我根据地的企图，度过了艰苦的岁月，迎来了抗日战争的大反攻。

十一、任晋冀鲁豫刘邓司令部警卫参谋

1945 年 8 月，随着抗日战争的胜利和斗争形势的变化，中共中央决定成立晋冀鲁豫中央局和晋冀鲁豫军区，同时撤销中共中央北方局和八路军前方总部。

8 月 25 日，刘伯承、邓小平、滕代远、薄一波等率晋冀鲁豫军区高级指挥员陈赓、杨得志、陈再道、陈锡联等人乘坐美军延安观察组运输机自延安返回太行。

刘伯承（中）、邓小平（左）、滕代远（右）在一起

不几天，滕代远对雷保生说："现在形势变化了，要组建野战军，刘伯承司令员已经 50 多岁了，身上 9 处负伤，一只眼睛打坏了，今后的战争流动性很大，条件很艰苦，身边要有人照顾，你身体好，去给他当警卫吧。"

说完，他就写了一个条子，要雷保生拿着。雷保生看了一眼，上面写着："刘司令员：兹介绍雷保生同志前去给你当随从警卫。"

雷保生拿着条子，来到八路军 129 师暨晋冀鲁豫野战军司令部所在地河北涉县赤岸村。他进了司令部，刘伯承和李达都在里面开会。

雷保生一声报告后，刘伯承说："李达参谋长处理吧。"李达拿过条子一看，说："1 号，是找你的。"随即把条子递给了刘伯承。

刘伯承看完条子，对雷保生说："你先找个地方休息一下，晚饭后我们到村边转转。"

吃完晚饭后，刘伯承和雷保生在村边沿小河转悠了一个多小时，他详细了解了雷保生的经历，问了很多问题。雷保生都一一回答。

回来后刘伯承对李达说："让雷保生担任司令部警卫参谋兼警卫排长，把司令部的警卫工作抓起来，把首长身边的警卫员也管起来。"

雷保生到刘邓司令部时，刘伯承的警卫员有康理（淮海战役后调离）、李春礼，邓小平的警卫员是崔来儒，李达的警卫员是刘昌往。

司令部警卫排有 34 人，除了跟首长外，大部分随司令部作战处工作，作战参谋下去传达命令，往往要跟两三个警卫。司令部的警卫工作，由李达参谋长直接负责。雷保生安排完工作后，每天都要向李达参谋长汇报，听取指示。

李达参谋长是陕西郿县人，当过教师，后考入冯玉祥办的西北军第二军官学校。毕业后在国民革命军第2集团军任排长、连长、旅部参谋等职。1931年12月追随赵博生、董振堂、季振同参加宁都起义，后担任红六军团参谋、红二方面军参谋长、八路军129师参谋长、晋冀鲁豫野战军和第二野战军参谋长。

李达高个子，枣红色方脸，沉默寡言，做不到的事情不说。他科班出身，胸有谋略，长于军事战术，素质过硬；做事干练，预判准确，素质过硬，记忆力惊人，邓小平称他为"活地图"。

雷保生并没有受过系统的军事训练和参谋训练，他能胜任刘邓司令部的警卫参谋一职，与李达的耳提面命，悉心教诲有很大关系。雷保生认为，李达就是他工作上的老师。

李达教育参谋人员要做到两点：一是要吃得苦。一天行军下来，别人休息了，你要尽快掌握情况，了解首长对第二天行动的意图等。二是要做到"四勤"（腿勤、笔勤、眼勤、脑勤）。也就是勤跑腿掌握情况，总结经验教训；动脑筋想办法，给首长及时提供准确情况和新的作战预案

在李达的领导和教诲下，雷保生很快就熟悉了野战司令部的警卫工作。每到一个村庄，首长住的房子由作战处指定，首长离作战处必须距离很近。

雷保生的任务就是一到村里首先了解情况，在敌战区有无国民党军官及家属，有无地主老财和还乡团。雷保生还要迅速熟悉这个村庄的道路情况。有无大路，有多少小路和岔路，敌人有可能从哪

个方向来。如果发生问题，带首长往哪里走。这些情况都清楚后，便于确定首长的警卫位置，更好地和村外警卫团的警卫位置进行衔接。这时，他就把各位首长的警卫员叫来，叮嘱注意事项。

一到新的驻地，警卫人员必须要做的事情至少有两件，一是搭建厕所。确定厕所的位置后，一般用玉米秸秆四周围起来。二是挖防空洞。首长进去后上面至少要有 40 公分的空间，土的厚度要有一米以上才行。

这些情况，雷保生每天都要向参谋处汇报，李达参谋长必须都要知情。

雷保生注重搭厕所，和李达的要求有直接关系，野战转移，不管行军作战多么频繁，身体多么疲劳，李达总是抓机会带着直属队领导同志和参谋去部队驻地检查厕所；宿营时有没有挖厕所，离开时有没有覆盖厕所，他持之以恒地这样做，渐渐成了一项必做的工作。

李达多次说："人民子弟兵每到一地，要给人民群众带来一个好风尚。挖厕所、盖厕所决不是小事，它关系到移风易俗，关系到人民的健康和民族的文明。如果到处随地拉屎拉尿，这样的军队给人民群众什么印象？"

刘伯承也很注重搭厕所，他说："别看小小厕所，其中有大大的学问。它能树军威，也能败军威。检查厕所不单纯是为了环境卫生，而是既可查出干部的作风，又可了解部队的生活、健康状况。"

如今，习近平总书记也要求各地各部门要把厕所环境与当地生态文明建设统筹考虑，与人民群众健康密切相关。看来，小小的厕所，也能体现出党的传统。

这些事情做完了，雷保生还要检查，每个警卫员必须要每天洗脚。白天行军打仗转移非常劳累，洗脚是缓解疲劳的有效方法。炊事员背有三个铁皮盆，保证首长洗脚用，如果不够，临时向驻地老百姓借用。

每个警卫员都要为首长保存三双布鞋，首长天天行军打仗，穿布鞋非常费，雷保生要想法从后勤部门不断充实各位首长的三双布鞋。

警卫战士穿的是草鞋，每个人身上随时都要背一捆麻绳。麻绳抗拉、耐磨、不怕水，是打草鞋必不可少的物件。一到新的驻地，首长的事务处理完了，警卫战士就开始打草鞋，必须保证自己储存有两双草鞋。

按李达参谋长的指示，每个警卫员行军途中身上都要带上几颗大蒜头。在路上喝水往往不干净不卫生，喝水时吃一口大蒜有消毒作用。

十二、上党战役以战养战旗开得胜

1945 年 8 月，抗日战争胜利。国民党蒋介石政府坚持独裁，准备内战，一方面伪装和平，邀请毛泽东主席赴重庆谈判；另一方面调动军队向解放区进犯，妄图独吞抗战胜利果实。

阎锡山秉承蒋介石之命，派其第 19 军、第 61 军各一部，共 3 个师 14000 余人，由第 19 军军长史泽波率领，向以长治为中心的上党区进犯。8 月下旬，阎军侵占我军从日、伪军手中夺得的长子、屯留，进入长治，并夺取襄垣、潞城等县城。加上收编的 3000 多伪军，阎锡山在上党地区的兵力达 17000 余人。9 月 18 日，阎锡山又派其第七集团军副总司令彭毓斌指挥其 23 军、83 军共 6 个师、两个炮兵团共 20000 余人增援。这样，阎军就达 37000 余人。

上党战役发生在毛泽东重庆谈判期间，也就是 1945 年 9 月。毛泽东在重庆同蒋介石国民党谈判，事关抗日战争结束后共产党和国民党的未来发展、中国该如何建设等重大问题。为了支持深入敌营的毛泽东，同时保卫曾经占领的重要作战区域，晋冀鲁豫军区司令员刘伯承、政委邓小平根据毛泽东主席和党中央"针锋相对，寸土必争"的指示，集中太行军区、太岳军区和冀南军区共 31500 余兵力，发起上党战役。

发起上党战役，我军面临很多困难。晋冀鲁豫军区部队刚由分散的游击战向集中的运动战转变，参战部队虽然都是老部队，但是抗战后期分散到各军分区作为基干团，对日大反攻后，才逐步集中作战。参战部队兵不满员，多数团在千人以下，装备很差。全军区只有六门山炮，仅半数的团有二至四门迫击炮，三四挺重机枪。新参军的战士多使用刀矛，不少步枪仅有子弹数发。作战对象阎锡山的部队都是基干部队，装备齐全，长于防守，且据守的是日军多年修筑的坚固工事。

打是肯定要打的，面对实力对比如此悬殊，该怎么打？各纵队首长来军区开会时，气氛比较紧张。因为是第一次近距离面临如此大战，雷保生非常关切。对警卫参谋来说，会场并不保密。

他听到了邓政委的讲话，怎么打？过去打日本鬼子，有很多好办法。比如近战、夜战，还是很需要的，打蒋介石照样可以用。阎锡山占了我们很多土地，这里离根据地很近，根据地的人民是向着我们的，我们可以动员他们坚壁清野，为围困敌人打下基础。

邓小平讲完后，刘伯承立即应道："邓政委的讲话就是指示，我们应该坚决执行。"

邓小平的话给参会领导转变思维有很大启发，经过讨论，他们分析了敌人孤军深入、分散守备的弱点：长治的守敌有近万人，其他五城各一千人到两千人不等。根据毛主席打运动战、打有准备有把握的仗、打歼灭战的思想，刘邓决心集中太行、太岳、冀南军区主力和地方部队一部，分别编成三个纵队，并动员民兵配合作战。刘伯承撰写了《晋冀鲁豫军区关于上党战役某些战术问题的指示》，详述了阎军的作战特点，以及组织实施攻坚战、运动战的要领。采取的作战方针是：首先逐个夺取长治外围各城，吸引打援长治之敌，力求在运动战中拖住敌人主力，而后再攻长治。

战役9月10日正式打响，凌晨2时，首先集中绝对优势兵力，采取夜战、近战向屯留之敌发起进攻，避开敌人火力优势，使我军能以劣势装备迅速攻克敌人的堡垒工事。长治史泽生部曾两次派兵出援，均被担任阻援的太岳、冀南纵队击退。12日，太行纵队攻克屯留。17日，冀南纵队攻占潞城，截断了长治与太原、平遥的联系。19日，太岳纵队和太行军区的部队相继攻克长子、壶关。至此，晋冀鲁豫军区部队连克5城，歼敌7000余人，并孤立了长治守军。我军从敌人手中取得了武器、弹药。加上群众参军、地方武装升级、经过教育转化的俘虏，部队的实力得到了充实，战斗力明显提高。

20日，晋冀鲁豫军区部队开始围攻长治。24日，获悉太原出援的国民党军3个师已抵达子洪镇以南地区，遂以一部继续围困长治，以主力迅速北上，求歼援军于运动之中。10月2日，晋冀鲁豫军区打援部队将敌援军包围于榆林、老爷岭、关上村、磨盘脑地区。这时，我军获知被围之敌并非3个师7000人，而是由敌第7集团军副总司令彭毓斌率领的8个师、2个炮兵团共2万余人。为了造成对敌优势，晋冀鲁豫军区立即决定抽调围困长治的冀南纵队北上参与打援。经5、6两日的激战，除约2000人逃回沁县外，敌援军全部被歼，彭毓斌被击毙。

敌援军被歼后，长治守敌待援无望，于10月8日向南突围。太岳区的人民武装沿途截击，各追击部队日夜兼程。10月12日在沁河以东将军岭及桃川地区将敌主力歼灭，活捉敌第八集团军副司令兼 19 军军长史泽波。

上党战役胜利结束，共歼敌 11 个师及一个挺进纵队 3.5 万人，缴获山炮 24 门，轻重机枪 2000 余挺，长短枪 1.6 万余支，我军只伤亡了 4000 余人。

阎锡山在得知上党之役失败的消息后非常惊慌，在床上躺了半天一动不动。正当手下在卧室外不知所措的时候，阎锡山忽然叫侍从张逢吉进卧室，问他说："我下令彭毓斌率部前往长治救援时，是不是有一大群乌鸦在院里树上大叫？"

张逢吉想了想说："好像是有。"

阎锡山一听，马上说："我是没记错的，当时一群乌鸦正乱叫着。乌鸦是祸鸟。常言说，'乌鸦叫祸'，'乌鸦叫，棺材到'。"分析完失败的原因后，阎锡山又"责备"自己道："我好糊涂哇，成群的乌鸦在我院的树上那么乱叫，我还派彭毓斌率兵去救援，没有救出史泽波不说，连增援的两万人都送给了共产党，我好糊涂啊。"

这次战役是抗战胜利后解放区部队反击国民党军进攻所进行的第一个较大规模的歼灭战，共歼灭阎锡山部 3.5 万多人，巩固了晋冀鲁豫解放区的后方，加强了中共中央在重庆谈判中的地位。

在上党战役中，太行、太岳区组织了以专、县级领导为首的五万多民兵、自卫队参战支前，其中许多民兵组成营（连），担负作战任务，自卫队则组成担架队、运输队，妇女日夜为军队做军鞋磨面，儿童站岗放哨。人民的积极支援，不但大大加强了我军的战斗力，而且保障了前线的供应和后方的安全。

上党战役的整个过程，对我军来说，是边打边练，以战教战的过程。我军完善了攻城、打援、截击、穿插等作战手段的运用，对提高部队的战斗力效果显著。战役前后，我军先后编成第一、第二、第三、第四纵队，形成了晋冀鲁豫野战军的框架，向正规兵团的方向迈进了一大步。

从上党战役开始，雷保生看到了刘邓的密切配合。其实，从1938年开始，在129师工作过的同志都知道，只要邓小平表过态的事情，你去问刘伯承，刘伯承一定说："按邓政委讲的办。"同样，凡是刘伯承说过了话，再去请示邓小平，邓小平也必定说："照刘师长讲的办。"雷保生和其他同志都记得，刘伯承常说的一句话："政委说了，就是决定，立即执行。"

十三、邯郸战役带领高树勋到刘邓司令部

就在上党战役紧锣密鼓进行之时，晋冀鲁豫副政委薄一波已按中央指示，着手筹备邯郸战役。那时国民党想利用公布《双十协定》麻痹中国共产党，向华北和东北输送兵力。

国民党分四路大军向北开进，胡宗南的先头部队经铁路开抵石家庄，后续部队第 1 军进到闻喜以南；傅作义部队继续向察哈尔进犯，已迫近张家口；第 11 战区孙连仲的第 30、第 40 军及新 8 军共 4.5 万余人，在其副司令长官马法五（兼第 40 军军长）、高树勋（兼新 8 军军长）率领下，从新乡沿平汉线北犯，其后续部队 4 个军正向新乡开进；企图与进占石家庄的第一战区第 3、第 16 军一起夹击邯郸，然后继续北进，与空运到北平的第 92、第 94 军南北会师控制平汉路。

4 路向华北进攻的国民党军，平汉线一路是其主力。刘伯承在分析形势时说：蒋介石把足球朝解放区的中央大门踢来了。

中央指示晋冀鲁豫军区：阻碍和迟滞顽军北进，是当前严重的战略任务。刘邓等领导坚决执行中央军委给予的任务，对当时情况作了周密的分析，认为敌军兵力多，装备好，久经训练，长于

防御，是其优势；但敌系新到，地理民情不熟，远隔后方，供应困难，突击力弱，不善野战；特别是派系不一，内部矛盾，其第一梯队之 3 个军都是原西北军，除第 30 军已变成半嫡系外，第 40 军和新 8 军是"杂牌"，新 8 军中有中共的工作基础，这些都是敌人的弱点。

10 月 6 日，晋冀鲁豫军区下达进行邯郸战役的命令。刘邓决心集中第一、第二、第三纵队及太行、冀南、冀鲁豫 3 个军区的主力共 6 万人，并动员 10 万以上的民兵参战，准备以两个月的时间，连续作战，歼灭沿平汉路进犯之敌。计划诱敌第一梯队至漳河以北、邯郸以南滏阳河与漳河河套的多沙地区先打第一仗，歼其一部，然后逐次歼灭之。在给敌人以军事打击的同时，争取新 8 军战场起义。

我军逐次对敌形成包围态势后，即开始出击。28 日黄昏，准备对被围之敌发起总攻。在总攻发起前，加紧对新 8 军进行政治争取，敦促高树勋率部起义。

由于陈锡联三纵和苏振华一纵的顽强阻击，马法五、高树勋部被迟滞在邯郸、磁县一带，伤亡也不小。高树勋本来就对蒋介石在国民党军队内部重用嫡系、排斥异己有所不满，尤其对蒋介石无端挑起内战，驱赶他们这些非嫡系部队做反共先锋，借共产党之手消灭异己的做法更是反感。早在 9 月上旬，高树勋就派战区总部参议王定南，辗转曲折，最后秘密到上党战役前线指挥部面见刘伯承、邓小平，并转交高树勋给彭德怀的一封亲笔信，言明自己不愿内战。

邓小平当时指示王定南：为了在政治上孤立蒋介石，首先要争取受蒋排挤、歧视的非嫡系部队，尽一切可能争取国民党将领站到和平、民主的旗帜下面来。

就在高树勋北渡漳河时，王定南又来到赤岸八路军晋冀鲁豫军区指挥部。王定南把这次的来意和高树勋的想法及思想顾虑，向刘邓作了汇报。王定南特别谈到，高树勋希望八路军方面能体谅他的苦衷，允许他单独北上。

听完王定南的话，刘伯承司令员指出："原来我们曾同意高树勋率新8军单独北上，可是现在沿平汉路北进的已不是高树勋的1个军，而是3个军。马法五的第40军，鲁崇义的第30军，也一齐来进犯解放区。蒋介石的意图是想让第11战区这3个军进占北平一带，以便平津的国民党军队抢占东北。"

邓小平政委也说："因此，党中央、毛主席来电指示，不准国民党这3个军沿平汉路到北平去。要我们不惜一切代价，阻止这3个军北进。请你回去对高树勋将军讲，根据形势的变化和需要，不要到冀察地区去了，我们希望他退出内战，就地配合我军完成阻止国民党这3个军北上。"

这时，刘伯承司令员说："这正是高树勋将军摆脱蒋介石集团，走向革命的大好时机。我们希望他认清形势，当机立断。如果当断不断，是会反受其乱的。"

高树勋得到消息，沉思良久，有些犹豫。仓促起义，蒋介石肯定不会放过

高树勋照片

邯郸战役中缴获的武器

自己在徐州和西安的家眷。王定南 10 月 28 日凌晨再次去见刘邓，说明了高树勋的顾虑。

　　1945 年 10 月 30 日，刘邓为此事专电中央，"请加快派人往徐州接出高树勋、王定南二人眷属至我地区并护送来此"，又转告八路军驻西安办事处，帮助妥善解决高树勋在西安子女及亲属的安全问题。毛泽东和党中央即刻电令新四军第四师张爱萍部，设法将高树勋的家属送往河北。张爱萍不敢怠慢，立刻命淮北行署公安局便衣大队派出精干人员三进徐州，终于接出高夫人一行。

　　为了促使高树勋下定起义的决心，在刘邓首长的亲自组织下，经王定南牵线，军区参谋长李达冒险穿过火线与高树勋面谈。见面后，双方一拍即合。10 月 30 日，高树勋率新 8 军及河北民军万余人，在马头镇正式宣布火线起义，声明脱离国民党阵营。

得到高树勋火线起义的消息后，同在进攻一线的第 40 军、第 30 军已成惊弓之鸟，准备向南突围逃跑。刘邓果断下命令：要各部队迅速出击，把不投降的敌人全部消灭。

晋冀鲁豫军区参战部队乘敌人南逃之际，多路出击，四面围攻。经过一场激战，国民党军第 30 军、第 40 军大部被歼，只有少数残敌漏网逃窜。这次战役俘获第 11 战区副司令长官兼第 40 军军长马法五，第 11 战区参谋长宋肯堂，第 40 军第 39 师师长司光恺、第 106 师师长李振清，第 30 军第 30 师师长王震、第 67 师师长李学政等高级军官以下 2.3 万多人。

1945 年 11 月 1 日，高树勋、乔明礼等率领新八军、河北民军 1 万多人迅速撤离战场，离开磁县马头镇，到武安县伯延镇一带休整、补充。

高树勋起义后，李达参谋长命令司令部保卫科长张子轩和雷保生一起去高树勋部，请高树勋过来议事。

雷保生和张子轩坐的是一辆中型的面包车，这辆车能坐 7 个人。不过这车烧的是木炭，后面竖着一个锅炉。

雷保生见到了高树勋。高树勋中等身材，但很魁伟，有大军官的气派。不抽烟，喜欢喝酒。

高树勋的司令部戒备森严，有三道门，张子轩和雷保生进去时，随身带的武器被收下了，交谈结束后又还给他们。高树勋带着一个随从，就和张子轩、雷保生他们一起上车出发，烧木炭的汽车速度不快，在路上走了 2 个多小时，到达了刘邓在峰峰市的司令部。

薄一波副政委首先接待了高树勋。他告知高树勋，你和王定南的家属接出徐州，并尽快派人护送到晋冀鲁豫解放区来。同时，转告了八路军驻西安办事处，营救你的子女及亲属脱险。

高树勋表示，个人的小事惊动了中央，树勋实在是感激不尽。

交谈中，高树勋对有些派去的工作人员似有微词。他说，你们给我派的都是些鸡毛蒜皮。

薄一波则说，老兄啊，你要感谢这些鸡毛蒜皮，不是这些鸡毛蒜皮的工作，你走不到今天啊。

邓小平对高树勋的起义评价很高，他和刘伯承在谈到此事时说，高树勋的功劳还是大的，没有高树勋的起义，我们消灭马法五就会有很多困难。我们就会有更多的牺牲。

高树勋再次提出要求入党的问题。1945 年 11 月 13 日，经中共中央书记处批准，由邓小平、薄一波介绍，高树勋光荣地加入了中国共产党。

关于高树勋起义，毛泽东致电指出："马头镇距邯郸很近，邯郸系历史名城，因此可称为邯郸起义。"

1983 年 10 月 30 日，河北省隆重纪念邯郸起义 38 周年，邓小平亲笔题写"邯郸起义纪念碑"几个大字。

以后，邓小平对女儿邓蓉谈到上党战役和邯郸战役："那两个仗打得好险！没有弹药，一支枪才有几发子弹。打仗攻坚很困难，决定的关头靠冲锋，靠肉搏战。这两个都是歼灭站，打胜了以后，武器也多了，人也多了。"（《我的父亲邓小平》第 227 页，中央文献出版社 1997 年 2 月版）

这两个战役后，全军区共组成 6 个纵队，部队发展到 31 万余人，武器装备得到改善，基本完成了从分散的游击战到集中的运动战转变。

十四、大战间隙，两次听刘邓首长谈古论今

邯郸战役之前，蒋介石自恃美国的撑腰，不自量力，大肆叫嚣要在六个月内消灭共产党，大兵压境，形势吃紧，刘邓首长还和往常一样，整天谈笑风生，全不见大战前的紧张气氛。

11 月的一天，雷保生随刘邓首长骑马从涉县往邯郸赶路，傍晚时分，快到邯郸地界了，发现前面有一处车马店，看起来不甚气派，倒也干净紧利落，不知怎的，首长看到车马店突然来了兴致，要下马看看。

雷保生吩咐小战士牵好马，自己就跟在首长后面进了车马店，由于战事吃紧，店内已多日无人居住，几间客房都上了锁，马厩还零零星星散落着一些草料。

首长一边看一边说，就听刘司令员讲，"你们不要看这车马店小，现在破败了，其中还有一段典故呢！"听说有故事，雷保生顿时来了精神，赶紧凑上前去。

刘司令员讲得正来劲，说唐朝开元年间，有卢生曾在此店住宿，遇到仙人吕翁，吕翁赠他瓷枕而眠，睡梦中卢生娶崔氏女为妻，并举进士登第，官至一品尚书令。然而店主人蒸黍尚未熟，卢

1946年6月中旬，刘伯承亲自率领旅以上高级干部打靶。这是刘司令员为指战员做射击示范

生已醒，知是一梦而已，这就是著名的"黄粱美梦"。

邓政委接着说，"蒋介石现在也在做一美梦，他妄想打通平汉路，堵住华北大门、割裂华北解放区、继而通过铁路运兵抢占东北。我看与卢生梦中娶妻升官，如出一辙，也是一场黄粱美梦而已。"

两人说完哈哈大笑。首长知识渊博，喻古讽今，如此得当，我当时真是佩服的五体投地。果然，此后不久前方就传来邯郸战役大获全胜的喜讯，再一次印证了刘邓首长预见英明。

随着长治战役、邯郸战役的节节胜利，形势发展越来越有利于我军，二野总部也开始由山区转移到邯郸市区了，总部就安扎在丛台附近，每天傍晚，雷保生都随刘邓首长在丛台附近散步。

这古赵丛台，结构谨严、奇特，整个建筑成圆形加一个梯形，还有一个长把，一层平台的主台面，北、南、东成圆形，西边向南为长方形台面，雄伟壮观，给人以无限遐想。

雷保生思索着，这丛台肯定不一般，说不定还与古代某个军事事件有关呢！虽然有疑惑，但也不敢贸然向首长打听，只是默默地记在心里。

1946 年 3 月，国共谈判破裂后，为了反击蒋介石的围剿，鼓舞士气，刘邓首长决定在丛台召开全军誓师大会，雷保生作为首长的警卫参谋，在首长身边亲耳聆听了首长的动员讲话，同时也揭开了他对丛台的迷惑。

雷保生记得大会是上午召开的，那一天阳光明媚，万里无云，台下密密麻麻站满了二野各路官兵。刘邓首长兴致很高，会前不停地与师团长打招呼，握手寒暄。

会议开始，先是刘司令员讲话，他从军事角度，分析了当前形势，提出要改变过去的游击战为现在的运动战。随后，邓政委讲话，他说，我们今天在丛台召开誓师大会，是有着特殊的意义的，这古赵丛台就是 2000 多年前战国时期，当年赵武灵王在此进行军事改革的场所，著名的"胡服骑射"典故就出自丛台，当时赵国是个小国弱国，正是赵武灵王顺应形势发展，即时进行军事改革，改长袍大褂为紧身的胡服，改步兵为骑兵为主，取得了巨大成功，从此赵国的军事力量增强了，国力强盛，成为战国时期一大强国，对后人产生了深远影响。

这是雷保生人生中第一次听到"改革"一词，记忆极为深刻。邓小平又说，现在形势发展很快很好，进入了一个历史转折点，我们也要学习当年赵武灵王的军事改革经验，各师团干部迅速把思想、作风、训练从过去的游击战彻底转变过来，适应现在的运动战需要，实事求是地安排好今后的军事训练，制定新的作战方案。

首长引经据典，旁征博引，道理深入浅出，指战员都听得入迷了，不知不觉会议开了一个多小时就结束了。会后各师团按照刘邓首长指示，旋即开始了大练兵运动，大大增强了部队战斗力。

十五、在甄城制造假象引诱敌人上当

　　1946 年 1 月 10 日，停战协议签订了。1 月末，政治协商会议通过了废除一党专政，实现民主改革和保障国内和平的五项决议，全国出现了暂时的和平局面。北平军调处执行部成立，划定停战线，中共方面派出了 36 个军调执行小组。最多的时候，我军有几百名高级将领先后参与了军调工作。

　　当时斗争的焦点主要集中在东北等地，晋冀鲁豫方面的情况比较有利，主要是刘邓打了两个大胜仗，迫使敌军龟缩在新乡一带，不敢乱说乱动，平汉路也一直未能打通。3 月，刘伯承和李达也参加了军调执行谈判工作，他们带着司令部作战处参谋王唯祯和警卫参谋雷保生到新乡同国民党军谈判了 3 天。

　　到达新乡的第二天，刘伯承去拜访了国民党 31 集团军总司令，商谈关于移交马法五等战俘问题。王仲廉傲气十足，说刚才美国考察回来，多次观摩美军演习。美军每次进攻前先用大炮猛轰，不把对方工事炸平不停止。这一手很厉害，现在美军顾问也在教我们这一手，还供应我们足够的大炮和弹药。刘将军参会马上就会知道了。

刘伯承冷冷地说，八年抗战，我们很穷，没有枪，没有炮，但有日本鬼子给我们造。十年内战时，我们的武器也不是自己造，这一点王将军是很清楚的。如果美国人也想给我们武器，那我们只好敬领了。这次，马法五就没少给我们美式装备。

当时的新乡军调谈判主要涉及三个问题：一是修通平汉路谁出钱，由谁来修；二是讨论用煤碳换白面的事；三是国民党要我方退出大名府。第一个问题，我方提出修路由国民党出钱，我方出人修路，但国民党方面没有同意。第二条意见双方达成了协议，因为我军占领了焦作，新乡一带的用煤产生了困难。最后双方同意用一车皮煤碳换一车皮的白面。第三条意见实质上是想打通平汉线，战场上没有得到的东西，谈判桌上更不可能得到。我军没有同意。

双方谈判基本破裂，刘伯承和李达坐飞机返回了邯郸，雷保生和王唯祯坐汽车到临漳，从两军划定的军事分界线回到了根据地。

1946年6月下旬，国民党对解放区发动大规模进攻。为了策应中原解放军李先念部突围，刘邓发起陇海战役，迫使蒋军从围攻中原解放区的军队中抽调兵力，消灭了蒋军1.6万人。以后又先后发动了定陶、巨野战役，取得了很大的胜利。10月下旬，晋冀鲁豫解放军在濮阳、甄诚一带活动。

这天，雷保生正和刘伯承司令员说话，突然有人来报告，说是甄城"救济总署"的美国人开着小车深入到解放区到处转，是不是要把他们截住。刘伯承想了想，说不要管他。"救济总署"的工作本来是救济灾后的穷人，这次他们跑到解放区来乱转很反常，他们的车转了一圈，没有看到任何我军的集结动向，他们离开了，果真带有情报收集的任务。他们认为鄄城方面的防务十分空虚，遂把这个情报报告给国民党高层。

刘伯承早已识破"救济总署"开车乱转的意图，他要麻痹敌人，给敌人制造一个甄城方面我们力量空虚的假象，从中寻找战机。为了迷惑和钳制王敬久集团，刘伯承还令第七纵队结合冀鲁豫军区部队假充主力，在郓城西南地区拆寨墙、平壕沟，准备战场，扬言要与第5军决战。

28日晨，刘伯承率部刚到鄄城以北的濮县至董口一线，突然接到侦察报告，刘汝明一部向鄄城伸出，兵力为第119旅及第29旅第86团，另附部分炮兵，由第119旅旅长刘广信统率。刘伯承判断这股敌人是企图与整编第11师协同攻占鄄城，可以乘机集中兵力吃掉它。他迅速令第2、3、7纵队回师向南，以绝对优势兵力兜击刘广信。又令第7纵队就地钳制住第5军、整编第11师。为了诱敌深入，他指示供给部门把存放在鄄城的辎重向北转移，沿途又制造弃粮翻车仓惶撤退的假象。刘广信得知鄄城空虚，遂放胆前进，当晚宿营在鄄城以南的苏屯、高魁庄、任庄地区。

刘伯承见歼敌时机成熟，下令发起攻击。当夜21时30分，3个纵队从各个方向向刘广信部展开了猛烈进攻。经两个日夜战斗，将被围敌人干净、利索地全部歼灭，毙伤俘敌9000余人，缴获榴弹炮8门、山炮7门及大批枪支弹药。

敌人的榴弹炮营，是曾经远征过缅甸的炮10团的1个营，直属蒋介石的国防部。日本投降后，改换全部美式装备，1946年4月刚刚装备、训练完毕，从西南边陲的云南调到开封，配属给第119旅指挥。此次作战，蒋介石曾电令刘广信，务必保证"人炮俱存"。

在南逃中，这个炮营也失去了往日威风，24辆美造汽车，拉

在郓城战役中缴获的国民党军榴弹炮

着8门105毫米榴弹炮，开足马力向南逃跑。奉命截击的第18团战士们在后面猛追不舍。一辆辆汽车和车后拖的榴弹炮全部陷进水里。汽车发动机不停地吼叫着，飞转的车轮绞着河水四处飞溅。车上的步兵纷纷跳下汽车向南面黄河故道大堤抱头乱窜。

刘伯承见到被俘的炮兵技术人员，分外高兴，说："人家把人才送上门来了，我们不知利用，岂不是愚蠢？只有装备，没有人才，就像叫花子捡了个金饭碗，没用场。"这些技术人员很快被编入炮兵部队，担任技术骨干。

在俘虏收容所里，刘广信满肚子冤屈。他说，出发前从上级那里获得消息，说郓城一带没有八路军，第5军和整编第11师又说他们已占领郓城以东的红船口。就以为有美国的飞机火炮，进攻郓城是乘虚而入，一定胜利。

谁知一到苏屯、高魁庄，八路军就打过来了。打了两天，第5军、整编第11师嫡系部队也不积极救援，结果全军覆灭。

提供情报的甄城"救济总署"那里还存有两大卡车白面，刘伯承指示，让人招呼附近的老百姓来把白面拿走，以免成为蒋军的军需物资，作为对"救济总署"参与中国内战的教训。一时，老百姓挑的挑，扛的扛，有的还用上了大车，不到两个时辰，这两大卡车面粉都被老百姓拿走了。

这次战役之后，晋冀鲁豫野战区诞生了一首战地歌谣：

卖国头子蒋介石，工作积极又努力；
一天到晚出主意，给咱送来好武器；
排起队伍一二一，一齐送到解放区；
陈诚负责办手续，实报实销白崇禧；
杜鲁门他发脾气，马歇尔他干着急；
美蒋联合做生意，希望他下次多送礼。

十六、攻打汤阴城，活捉孙殿英

1947 年初，中央为策应陕北、山东战场的解放军作战，决定调动晋冀鲁豫野战军主力和军区地方部队进行作战，除以第 4 纵队和太岳军区部队举行晋南攻势外，另以第 1、第 2、第 3、第 6 纵队及冀南、太行、冀鲁豫军区部队，共 18 个旅 60 个团约 10 万兵力，在 10 万民兵配合下组成 4 个作战集团，发起豫北战役。

为确保作战顺利进行，野战司令部在刘邓首长主持下召开了作战会议，确定豫北战役分三步执行的计划。第一步，破坏黄河铁桥和平汉铁路郑新段，粉碎国民党军队防御体系，然后向新乡挺进，调动敌王仲廉部回援，在运动中歼灭国民党军队有生力量。第二步，避开优势之国民党军队，绕道北上汤阴、安阳地区，占领平汉路安阳和淇县段以及卫河以西广大地区，在此开辟战场，诱王仲廉部北上，在运动中歼灭国民党军队。第三步为攻占汤阴，消灭孙殿英部。

由于刘邓首长的运筹帷幄，作战部队的英勇奋战，到 4 月下旬第一步、第二步计划完成得异常顺利。只剩下孙殿英还盘踞在汤阴县城负隅顽抗，他依仗坚固的城防工事多次叫嚣："共产党部队没有重武器，打不进汤阴县城！"甚至把棺材抬到城楼上，摆出一副决一死战的架势。

汤阴县位于华北平原与太行山脉交会的山前地带，自古就是南北通衢要道，具有重要的战略地位，乃兵家必争之地。汤阴历史悠久，是千年古县，著名的"三圣之乡"，是武圣岳飞、文圣周文王、医圣扁鹊故乡。这样一座千年古城已经被孙殿英糟蹋的不像样子了，必须尽快回到人民手中。

面对孙殿英的嚣张气焰，刘邓首长连续数天召集会议，研究攻城方案，为避免我军不必要伤亡，还是决定用炮兵攻城。前不久我军在鄄城歼灭刘广信部时，缴获了榴弹炮8门，山炮7门，还有炮兵技术人员，这一下刚好排上用场了，有了大炮，攻城自然不在话下。

5月1日，我军在炮兵掩护下强攻汤阴，实行坑道作业，用炸药炸毁城墙，开辟前进道路。经过激战，迅速攻入城内，同守军进行巷战。至5月2日上午，全歼汤阴守军，孙殿英也被活捉。

消息传到司令部，刘邓首长非常兴奋。说是要会一会孙殿英，大家听到孙殿英要押过来了，都很想看看这个东陵大盗究竟是何模样？5月4日上午，干部战士都在司令部等着，保卫科长张子轩带领几名战士把孙殿英带到首长跟前。这时，雷保生才看清孙殿英瘦瘦高高的个子，脸上还有一点淡淡的麻子坑，耷拉着脑袋，两只鼠眼瞅着地下，不敢看人，全没有了往日的威风。

一进门，刘司令员见孙殿英还是五花大绑，赶紧跑过去给他松绑，这时雷保生看到孙殿英除了一脸羞愧外，两腿直打哆嗦。雷保生想，大概是怕刘司令员下令枪毙他吧！吓得战战兢兢的！他拉过一个凳子，让孙殿英坐下，张子轩又端了一杯水递给他，喝了水，坐了一会儿，他才稍稍平静下来。

刘司令员对孙殿英说，我和邓政委请你吃顿饭，给你压压惊。邓政委说，不是我们要打你，是国民党送来大炮，叫我们打你呢！刘司令员又说，老弟你也曾经请我和邓政委吃过饭的嘛，今天算是回请了。

原来，抗战初期，国共合作期间，孙殿英任新5军军长，刘邓首长分别是八路军129师师长、政委。129师奉命北上抗日，曾经借道新5军防地，孙殿英没有为难刘邓首长，除了请吃饭，还送给129师一部分枪支弹药和衣被等物。说实话这些军事装备当时也是很珍贵的，起到了一些作用。

其实孙殿英是个狡猾的家伙，当时他在新5军军部附近，就开设了三个招待所，分别招待国民党将领、八路军和日本人，可谓"狡兔三窟"。

吃饭时，刘司令员、邓政委还不时地给孙殿英夹菜，孙殿英一边吃，一边又破口大骂蒋介石不仁不义，看似好委屈的样子，其实恰恰暴露了他一贯两面派做法，一副江湖癫子嘴脸，毫无节操可言。他还告诉刘司令员，他之所以投降日寇，系由蒋介石的秘密命令。此话真假现在也无法考证了。

当时刘司令员对他做了客观评价："抗战初期，不能说你没有贡献，但是以后的一段，确实做得太不好了！"

孙殿英听了连连点头。吃完饭，要把孙殿英押送到河北武安县华北战俘营关押，路上也要走几天的。刘司令员特地把保卫科长张子轩叫到跟前交代，由张子轩亲自押送，多派几个人，路上一定要小心，还说孙殿英这个曾经的盗墓贼毒害很深，诡计多端，要预防路上有劫道的，抓住了就一定不能让他再跑了。三天以后，接到张子轩的电话，说安全押送到战俘营了，刘邓首长才放下心来。

至于孙殿英以后的结局，雷保生后来了解到，在战俘营期间，共产党念及他抗战时期的表现，对他非常宽待，特地批准他带一名卫士照顾其生活。孙殿英劳动比较积极，但后来就不行了，甚至一度企图越狱未得逞。

由于孙殿英感到彻底绝望，精神沮丧，整日抑郁寡欢，加上他吸食了几十年的鸦片，患上了当时属不治之症的烟后痢。共产党本着人道主义精神，为他求医治病。这种人道精神和宽大为怀的行动，深深触动了他的心。

在病危之际，他忏悔地说："我过去做了许多坏事，对不起民众，对不起共产党。共产党宽宏大量，不计怨仇，比蒋介石不知好多少倍啊！"1947年秋天，也就是到战俘营半年后，身患多种疾病的东陵大盗孙殿英病重死去。

十七、送刘司令员上羊山集前线

　　1947 年 8 月 6 日，刘伯承、邓小平在晋冀鲁豫野战军前线指挥部作战室召集干部会议，对何时挺进大别山展开讨论。一部分领导鉴于黄河随时有决堤的危险，主张部队应该缩短休整时间，提前出动；而多数领导考虑到部队还需要一段时间的休整和准备，主张按原计划到 8 月 15 日再出动。

　　邓小平在会上说："毛主席对我军千里跃进大别山估计了三个前途，一是付了代价站不住脚准备回来；二是付出了代价站不稳脚，在周围坚持打游击；三是付出了代价站稳了脚。我们要从最困难方面着想，坚决勇敢地战胜一切困难，争取最好的前途。当然我们马上行动，会有很多困难，但在党中央正确领导下，在全国各战略区特别是陈粟（指陈毅、粟裕）、陈谢大军的有力配合下，有广大指战员的艰苦奋斗，任何困难都是可以克服的。"邓小平的意见得到了大家的认同，会议决定部队第二天就出发。

　　8 月 7 日黄昏，刘伯承、邓小平同志率晋冀鲁豫野战军主力部队 12 万大军，在华东野战军外线兵团部分兵力佯动掩护下，分左、右、中三路，从鲁西南的巨野、郓城地区出发，拉开了千里跃进大别山战役的序幕。这是一次没有后方、没有根据地的远征，其艰难程度在整个解放战争中都是罕见的。

刘邓大军强渡黄河后，蒋介石没有判断出我军的战略意图，只是为了弥补被我军撕破的战略缺口，调王敬久率国民党第二兵团的整编26师、整编66师、整编70师等重兵集结鲁西南，企图消灭刘邓大军或迫使他们退回黄河以北。

刘邓决心在内线多打几个胜仗，争取到外线顺利发展。自7月2日起，刘邓大军先后进行了郓城之战、菏泽之战、定陶之战和巨野独山集、六营集之战等战斗，至7月中旬，将王敬久的整编32师和整编70师全歼，并将敌人最精锐的整编66师合围。

攻打羊山集的战斗遇到了很大困难。由于羊山集三面环水，背依羊山，敌人是精锐部队，且占据易守难攻的地形，抢修了坚固的工事。我军2纵、3纵对羊山集的几次攻击，基本上夜晚发起进攻，虽然能够有所突破，但往往不能解决战斗。一到天明，部队即暴露在66师火力威胁下，立不住脚，又只得退回原阵地，如此循环往复，打了一个星期的拉锯战。战事持续了10天，成为胶着相持状态。

刘伯承、邓小平权衡再三后认为，这次如果不把敌整编66师歼灭，我军随后的南进一定会遭到该部的疯狂追击。况且各路援敌尚在行进途中，完全有迅速消灭羊山守敌的把握。刘伯承鼓励将士们说："蒋介石送上来的肥肉，我们不能放下筷子！""别看有蒋介石在开封亲自坐镇，我们也一定会啃下这块硬骨头。"

为了迅速解决战斗，刘伯承亲上火线了解情况，部署兵力。那天夜里，刘伯承坐在一辆当地特有的平板大车上，上面围成了帐篷的形状。一床被子铺在他的腿上，腿的上方放了一个小桌子，桌子上还有一盏灯。一路上，刘伯承趴在桌子上看地图，思考问题。雷保生等人则在车下，时而帮助推车，时而紧跟着大车疾步行走。

刘伯承到了羊山集前线。陈再道、陈锡联见了首长，两人抢着检讨，作自我批评。二陈均表示："仗打得不好，是我指挥的责任。"

刘伯承询问他们关于攻打羊山集的意见。二陈都表示有信心坚决拿下羊山集。刘伯承随后询问他们到前沿查看了地形没有，两人如实回答说没有。

刘伯承说，这怎么行呢！越是胜利就越要细心谨慎，不能疏忽大意，更不能急躁。你们要亲自到前沿察看地形，了解一下为什么攻不下来，和下面的指战员研究如何打法。总之，不能再拖了，必须尽快把羊山集之敌歼灭。

为了增强攻击力量，刘伯承调野司榴弹炮营和1纵炮兵团参战，以形成绝对的火力优势。

第二天，二陈遵照刘伯承的指示，率领旅、团级干部沿着交通壕详细观察地形，了解敌情。羊山地形似羊，有羊头、羊身、羊尾。现地召开干部战士座谈会进行动员，研究打法，分析前面攻击受挫的原因。基于夺取制高点羊身这个关键，重新调整了攻击部署。

原定于7月26日黄昏发起总攻。不料中午大雨倾盆，一直下至傍晚，壕沟里灌满了雨水，掩体工事被冲垮，总攻计划无法实施，只好寄希望于次日天晴。第二天早晨，天随人愿，一轮红日从东方升起，天气晴朗，万里无云。

18时30分，解放军开始向羊山集发起总攻。榴弹炮、野炮、山炮和迫击炮向羊山山头不停地轰击，整个羊山炮声雷鸣，硝烟弥漫，杀声震天。指战员们随着炮火伸延，猛虎般向羊山主峰和羊山集大街冲击。各个方向都打开了突破口，部队不断向纵深推进，将66师分割包围。

28日拂晓，又下起了大雨，战斗仍在持续。先头部队终于冲进66师指挥部。向射击的地方打了一阵手榴弹和机枪，然后喊话：缴枪不杀，解放军优待俘虏！这时宋瑞珂知道防御体系已经全盘崩溃，感到继续战斗下去，已经没有意义，终于决定放下武器，成为解放军的俘虏。

刘伯承满怀胜利的喜悦与豪情，欣然命笔，挥毫写下了一生中唯一一首为一场战斗作的诗——《记羊山集战斗》：

狼山战捷复羊山，炮火雷鸣烟雾间；

千万居民齐拍手，欣看子弟夺城关。

10天之后，刘邓大军按毛泽东7月23日电，从郓城以南的赵家楼地区挥师南进，踏上了战略意义更为重大、斗争也更为艰苦的大别山征程。

十八、八门榴弹炮炸毁在黄泛区

1938 年日军进攻开封、郑州，蒋介石国民党部队炸开黄河花园口大堤企图阻止日军南下。混浊的河水向东南方向迅猛推进，在黄淮平原随性肆虐，最终形成了跨越豫皖苏 3 省 44 个县的黄泛区。当时直接淹死和饿死的群众多达八十九万人，造成了历史上人为的一次大灾难。

黄河水下泄后，西边一路沿颖河下泄淮河，东边一路沿涡河到安徽怀远流入淮河。黄、淮合流后涌入洪泽湖，淮河、洪泽湖沿岸立即变成了一片汪洋。形成长达数百公里的无堤防约束的游荡河道。汛期泛滥的洪水在两岸形成宽达数十公里的淹没区，当年在黄泛区渡河，有时需要乘船走上一整天。

刘邓大军经过时，黄河水虽归入故道，但黄泛区还是一片水乡泽国，或是深浅不等的积水，或是没膝的稀泥，人烟稀少，蒲苇丛生，没有道路，没有隐蔽物，部队陷在过膝的淤泥里，前进都十分困难，辎重车辆更难通过。国民党的飞机肆无忌惮地狂轰滥炸，很多年轻的生命都牺牲在那里……

过黄泛区，雷保生最关注的就是要各位警卫员在背包的外面插上几双草鞋。平时这些草鞋是为了保证自己行军所用，过黄泛区还有了特别的用处。刘邓及各位首长是需要休息的，茫茫泽国中，何处能坐下？雷保生就是要用草鞋垫底，把背包放在一处没有水的地方，让首长们暂时歇歇脚。

刘司令员年龄大，眼神又不好，除了康理外，雷保生还安排两个人随身注意保护他，自己也是把他作为重点保护对象。不仅是雷保生，邓小平政委走在前面，也经常回来看望刘伯承，告诉他哪里好走，需要注意些什么。

邓小平裤腿也不挽，一步一拔，腰板笔挺，像操场上"走正步"，一个跤也没摔过。刘伯承指着邓小平对身边的战士说："你们看邓政委，咱们学学他嘛！"

"在泥水里走路，一是身子要挺直，二是脚跟要站稳。"邓小平停下脚步，等着刘伯承赶上来。

尽管成为警卫员重点保护对象，刘伯承的眼睛却经常盯着各路行走的部队。黄泛区刚开始过还是硬的，走着走着越走越软，越走越陷。这种情况让辎重部队大吃苦头。

问题出在车上。太平车是中原地区的主要运输工具，车速虽然很慢，但行进十分平稳。另外，载重量大，非常适宜于在地势平坦的地区短途运输大批量的东西，后勤部门大量使用太平车运各种物资。但太平车是木轮子，轮子非常狭窄。在黄泛区走了一会，全部被陷进黄泥里去了。

刘伯承发现陷入黄泥中的大车数目有超出，他掀开盖布一看，里面堆的尽是煤、醋和大葱。刘伯承脸沉了下来："天上飞机炸，地上大兵追，我们是破釜沉舟，随时准备牺牲自己的性命。这些鸡毛蒜皮值得装上车吗?"

邓小平也严肃地批评道:"三令五申要节省民力,为啥子超过规定征用车夫、车辆、牲口?我们不是赶大集,局势如此严重,还拖着醋啊葱啊,你们脑壳是怎么考虑问题的?"

刘伯承说:"仔细检查一下,除了弹药、粮食与文件,其他都丢掉。"

后勤部门很快排除了故障。除了后勤部门的大车,各种火炮过黄泛区也是费尽周折。"三八式"野战炮,必须用5头牲口才能拉动。装有武器弹药的200辆军械车,每辆都要有几十名战士和民工才能拉动。重型榴弹炮过黄泛区实在是太困难,严重耽误时间,刘邓毅然命令将炮炸掉。为了从敌人手中夺取这些炮,付出了很多战士的生命,炮手们都痛哭不舍。

刘伯承对战士们说:"炸炮谁都心疼,可是不得已啊!现在就是留着这些炮,过了黄泛区到南边尽是山路,也没法子行动。"

半小时之后,黄泛区响起了地动天崩般接连不断的爆炸声。火光与爆响中,8门榴弹炮被炸成一堆堆废铁。

刘伯承后来回忆过黄泛区:"遍地积水污泥,浅则及膝,深则没脐,没有人烟,没有道路。为了争取时间,把敌人甩得更远,我军指战员不顾敌机轮番轰炸,不顾连续行军的疲劳,在烈日当空的酷暑季节,艰难地一步一步跋涉前进。有时要从没颈的泥潭中把战友救出来,有时又只得眼看着军马被泥潭吞没。"

越过黄泛区时,李达参谋长主动请缨,担任大军的先导,率领参谋人员侦察敌情。他到了新的宿营地已把房子分配好了,在预定时间内仍未见刘邓首长跟上来,立刻悟到可能是带队同志走错了路。他便让参谋人员沿他指定的方向路线去接刘邓首长，果然接到了。到了宿营地，刘伯承司令员说："李达真行，硬是把我们迎回来了。领队同志是头戴破砂锅——乱撞一气！"

在雷保生的记忆中，过黄泛区，刘邓司令部所有的车辆都丢掉了，只有一辆小吉普和一辆中吉普开过来了。以后过沙河时，这两辆车也被烧掉了。

十九、血战汝河：狭路相逢勇者胜

跳出黄泛区，刘邓大军胜利渡过沙河，为了快速前进，继续战胜敌人追堵，各部队实行轻装，埋藏和炸毁了一些必须精减的笨重武器、车辆，并再次对部队进行动员，提出"走到大别山就是胜利"的口号。部队斗志昂扬，前进的速度更快了。

直到这时，蒋介石才大梦初醒，发现我军的矛头是指着大别山，威胁到了他的战略后方。于是，急忙赶调1个师另1个旅，到汝河南岸的汝南埠一带，占领渡口，毁掉民船，摆开阵势，挡住刘邓的去路。

8月23日下午，刘邓中路先头部队冒着敌机的轰炸扫射，架起浮桥，抢占了汝河南岸的一个桥头堡大雷岗。敌人马上从东西南三面构成一个马蹄形阵势，把这个小小的村庄围住，企图阻拦刘邓大军前进。

此时，我东、西两路部队已先敌越过汝河，逼近淮河，中路部队也有一个纵队先敌抢过汝河，继续南进。留在汝河北岸的，只有中原局机关、野战军指挥部和6纵的兵力。而紧跟在我军背后的三个师的敌人，距离只有五六十里，不用一天就可以赶到。

前有阻师，后有追兵，形势真是千钧一发，万分险恶。能否在短短几个小时内强渡汝河，关系到整个千里跃进行动的成败，从而也关系到整个战局。

汝河，是河南南部的一条大河。在当年雷岗血战遗址旁边，如今有一条约二三十米宽的汝河故道。汝河早已改道，刘邓大军过河的地方，成了封闭的大水塘。当时河面约六十米宽，水深三四米，水流非常急。再加上两岸陡峭，不能徒涉。

大军出动，最怕的是过河。刘邓大军中的指战员大多数都是北方的"旱鸭子"，就是单兵过河，也不是一件容易的事，再加上车炮弹药等辎重，遇到河流，更是让人头疼。

当日晚，刘邓首长和参谋长李达在第六纵队政委杜义德的陪同下，来到了18旅指挥所。李达分析当前敌军前后夹击的紧迫形势，指出敌人企图在洪、汝河之间与刘邓大军主力决战，打乱刘邓大军进攻大别山的战略计划。

刘伯承镇定地说："情况就是这样，确实很严重！如果让后面的敌人赶上，把我们夹在中间，不但影响整个行动计划，而且会使我军处于极为不利的地位。因此，从现在起，我们一定要采取进攻的手段，杀出一条血路！不管敌人有多少飞机大炮，也不论白天黑夜，我们一定要前进，一定要实现毛主席的战略计划！"

邓小平政委接着说："现在没有别的出路，我们要不惜一切代价，不怕任何牺牲，坚决打过去！"

"狭路相逢勇者胜。"刘伯承大声地说。

不到一小时，"狭路相逢勇者胜"的号召，像电流一样传遍整个部队，激励着每一位参战人员，整个汝河岸边沸腾起来。纵队以下领导，纷纷下到基层单位指挥战斗。

晚22时，工兵连架通一座浮桥。凌晨4点，刘邓首长开始过浮桥，邓小平政委走在前面，后面走的是刘伯承。刘伯承眼神不好，两个警卫员搀扶着。浮桥极不稳定，摇晃起伏，邓小平往前走几步，又不停地回头看看刘伯承。饲养员牵着刘伯承的战马，战马从湍急的汝河中凫水而过。

浮桥架好后，部队立即轻装，中原局、野战军直属队和随军南下开辟新区工作的地方干部分3个梯队抓紧时间强渡。在严重关头，李达显得格外沉着，即使鞋子掉了，脚上只穿着袜子，也依然全心投入工作。他命令机关人员一律轻装，不得携带机密文件，要紧挨着跟进，绝不许掉队，如果遭受敌扫射轰炸或被南岸敌军炮火袭扰，也必须不停步地冲过浮桥。

到达代号"姚官屯"（因第6纵队参谋长姚继鸣而得名）的第6纵指挥所。各级指挥员把刘邓首长的命令一级一级向下传达，一直下达到每一个战士。河岸上沸腾起来："刘司令员来啦！""邓政委来啦！""狭路相逢勇者胜！"

这时离天明只有四五个小时，不能有丝毫的耽误。16旅除以46团担任后卫阻击追兵外，还要接替汝河南岸渡口两侧阵地，抗击敌人，保护浮桥和通道，掩护全军过河。纵队首长命令：46团要在全军过河后才能撤退，如果来不及脱身，就留在当地打游击，以后再归建。

6纵队首长和旅的干部（第16旅长尤太忠、第17旅长李德生、第18旅长肖永银）亲自下到团、营、连指挥作战。战士们英勇顽强地同数倍于自己的敌人拼杀。抢夺桥头堡的敌人被我击退后，后续部队陆续渡河前进。

　　各部队冒着敌机的低空轰炸、扫射和两边敌人近距离的侧射火力，边走边打，勇往直前，终于在大小雷岗和东西王庄一带杀开了一条血路，掩护着中原局和野战军指挥部突破敌人层层拦阻，胜利地闯过了千里跃进途中的这个险关。

　　刘伯承在离开雷岗阵地前，一颗炸弹袭来在附近爆炸，气浪把尤太忠旅长的帽子都掀翻了。尤太忠催着要刘伯承赶紧离开。刘伯承走了两步，又回头问尤太忠："你知道集合地点在哪里吗?"尤太忠说："彭店。"刘伯承坚定地说："记住，我们在彭店等你。"

　　因为要着急赶路，有人提议刘伯承骑马。雷保生马上考虑到，这是在平原地区，周围有很多芦苇、稻田，如果骑着马，就成了非常明显的射击目标，因而万万不可行。于是刘伯承拄着棍子，他们警卫人员时而搀扶一会儿，和野战司令部的指战员一起走到了淮河边的彭店。

二十、抢渡淮河：粗枝大叶害死人

　　彭店位于息县西北部，距离淮河约 15 公里，是淮河与汝河之间的一个重要集镇。刘邓首长赶到这里后，立即在彭店西南召开高级干部会议，研究如何突破淮河天险事宜，并对进入大别山后的行政区划和党政军组织建设等重大问题进行安排部署。这是刘邓大军在即将渡过淮河天险进入大别山区前夕召开的一次重要会议。

　　会上，刘伯承赞扬汝河之战"打得好"。他说："同志们，我晓得部队是疲劳的。可是，胜利只能在战胜疲劳后才能得到！敌人希望疲劳能捆住我们的手脚，因此我们一秒钟也不能停留，必须立即出发，向淮河进军。明天拂晓前要攻下息县县城，夺下淮河渡口，夺下我们战略跃进途中的最后一个关口！"刘伯承还指出："打仗就是这样，要抓住关键。在关键性的地方要勇、要猛、要狠，这样才能战胜敌人。敌人想把我们消灭在汝河岸边，但是在我们的勇士面前，他们的企图完全被粉碎了！现在，敌人准备在汝、淮之间挫我跃进的锋芒，想使我们功亏一篑，这又是一关啊！大家还要牢记，绝不和敌人纠缠，恋战就正中敌人之计，只能抢先渡过淮河！"

　　淮河也是在和敌人抢时间，其紧急程度丝毫不亚于血战汝河。

淮河发源于河南省西南部桐柏山，流经河南、安徽，至江苏扬州入长江，全长约 1000 公里，是全国七大江河之一，也是我国南北一条重要的地理分界线。淮河支流多，落差小，河道弯曲狭窄，湖泊泥沙淤积，夏秋季节暴雨频繁，汛期河水涨落不定。1947 年 8 月 26 日前，连续几天下了急雨，宽宽的河面上泛着浊浪，水流湍急。

53 团赶到后，团长蔡启荣感到一筹莫展。渡口没有船也没有人，看着宽宽的河面，也不知深浅，周围有没有敌情，也不清楚。蔡启荣用望远镜看了看南岸，没有发现一个人影，但他还不放心，派了两个侦察班，泅水渡河进行侦察。

河岸边，蔡启荣指着远处的山，兴奋地说："那就是大别山，东南方向就是我的家乡商城县！"战士们兴奋地叫了起来："到了！到了！过了河就是大别山！"

淮河并不好过，听说要过大军了，附近的老百姓都被吓跑了，整个纵队找了半天，才找到了十几条小船，这些船还是被老百姓沉到水里后又被打捞上来的。

先刘邓一步赶来指挥渡河的李达参谋长要求 18 旅必须在午夜 12 点钟以前渡过。

18 旅政委李震焦急地站在岸边，部队拥挤在渡口，要靠 10 多只小船和临时收集的竹排，赶在 12 点以前把全旅人马全部渡过淮河，完全是不可能的。

李震努力地整顿了混乱的秩序，算算时间，勉强可以按时渡完。他刚要松口气，忽然淮河上起了大风，船本来就小，大风一来，就开始在河中打旋，速度越来越慢，每渡一趟时间要延长四五倍。看这样子，午夜两点以前让全旅渡过淮河是很难的。李震看着阴沉沉的天空，气得直想骂娘。

在 8 月 27 日 2 时，原计划 18 旅已全部渡过淮河，实际上连一半都没渡完。这时，刘邓首长赶到了淮河岸边。刘邓李在岸边一间小屋举行紧急会议。

李达汇报完渡河进展情况，刘伯承一直在沉思。小屋里站满了人，闷湿的空气几乎让人窒息。

刘伯承忽然抬起头，看着李震问："河水真的不能徒涉吗？"

李震说："河水很深，不能徒涉。"他的口气非常肯定，53 团派人侦察过了，54 团也派了人，旅里也侦察过了，都说不能徒涉。

淮河不但不能徒涉，就是架桥也很困难。

靠收集来的 10 多只小船，要想在短时间内把几万大军渡过淮河，除非有奇迹出现。邓小平政委立即果断地指出："情况十分紧急，时间已不等人！敌人想逼我们背水而战，哪有那么容易！我们不是韩信，绝不打背水战！因为被人陷于死地，生不生便由不得自己！我们也不是前秦的苻坚，敌人休想击我半渡！"邓小平说："一纵、三纵已经过去，急需掌握，我提议伯承同志和际春同志先过去指挥已经渡河的部队；我和李达留在这里，李达同志继续组织渡河，我负责断后阻击尾追的敌人！"邓小平的话虽然不多，但言简意赅。刘伯承毫不迟疑，手往下一劈说："好，就这么办！政委说了，这就是命令，立即分头执行！"

27 日凌晨，刘伯承拄着一根长长的竹竿，带着手提两个马灯的雷保生和康理来到了大埠口淮河渡口。他不要人搀扶，登上了一只竹排向河中划去。

竹排在河面上缓缓行驶，刘伯承不停地用竹竿在河底戳着，站起又蹲下，蹲下又站起。竹排经过河水浅的地方，刘伯承还让雷保生插上标记。竹排到了南岸，刘伯承又让往回划，他要再测一次河水，测试结果，一如前述。

刘伯承急忙高声对北岸喊道："能架桥呀！我试了许多地方，河水都不太深！"他还大声地告诉北岸："告诉李参谋长，叫他坚决架桥！"刘伯承还是有些不放心，立即派人送去亲笔书写的纸条。

刘伯承站在北岸渡口，用竹竿捣着地，对前来汇报情况的18旅政委李震和其他同志严肃地说："粗枝大叶害死人，害死人啊！""越是紧要关头，领导干部越要亲自动手实地侦察！"

李达正要组织战士们架设浮桥，刘伯承又派人送来了纸条："我亲眼看见上游有人牵马过河，证明完全可以徒涉，立即转告李参谋长，不要架桥了，叫部队迅速徒涉！"原来，离刘伯承乘坐的竹排并不太远的上游，刚好有一名战士牵着马徒涉渡过了淮河。

这名战士是名饲养员，当他来到淮河岸边时，他所在的部队已被小船运过了河。为了追赶部队，这名战士不管河水有多深，牵着战马，头也不回地徒涉而过！这种情景正好被探水的刘伯承司令员远远地看到了。

李达参谋长按照司令员的指示给部队下达了徒涉的命令。刘邓大军2、6纵队和野司、中原局机关数万人马沿着河面上的标记，分成几路，在几小时之内徒涉渡过了天险淮河，胜利到达大别山区，完成了千里跃进的战略任务。

8月27日下午，刘邓大军刚全部渡过淮河，并拔掉河中的标记，上游就下来了洪峰，淮河水突然骤涨了起来。当国民党罗广文兵团和张淦兵团近20万人马赶到淮河北岸时，看到刚刚离去的刘邓大军，只好"望河兴叹"。当地老百姓亦把刘邓大军利用淮河两次洪峰的间隙顺利渡淮的奇迹，传为神话，称之为"天意"。

1989年11月，邓小平在与编写二野战史的老同志谈话时指出："过淮河，老天爷帮了一个大忙，能够徒涉。过去没有人知道淮河是能够徒涉的，那一次刚涨起来的河水又落下去了，伯承亲自去踩踏，恰好就在那个时候能徒涉，这就是非常顺利了。不然，我们过淮河还是能过，但会有伤亡，以后会更困难一些，当时形势相当严峻，相当险恶，但是整个地看应该说是很顺利地实现了战略反攻的任务，跃进到大别山。"

二十一、刘邓带头自己动手缝棉衣

8月27日全部渡过淮河，这是刘邓大军进入大别山的标志。至9月底，经过紧张战事，刘邓大军在鄂豫皖地区解放了县城23座，歼敌6000余人，在17个县建立了民主政权。经过一个月的时间，刘邓已经打开了局面，依托山区安置了后方。

但是大别山根据地的创建却是异常艰苦卓绝，超出所有人的预料。大别山是老革命根据地，红四方面军、红25军、红28军都先后在这里建立过根据地。但是，由于我党在这里建立根据地后紧接着都进行了战略转移。每次转移后，国民党反动派都会卷土重来，对根据地人民进行疯狂围剿、血腥镇压。大别山里常常是"十里无人烟、到处无鸡鸣"。长期的拉锯战、国民党的反攻倒算把老百姓害苦了、杀怕了！因此，刘邓大军初到大别山时，老百姓一见到就跑，而且是整村整村地往山里跑，老百姓不敢接近刘邓大军！别说是让老百姓来支前抬担架了，就连找个向导都很困难。

6纵16旅和野战军司令部一起活动，一进大别山就感受到了老乡的顾虑。有一天行军，他们路过一个村庄，狗一叫，全村便立刻鸡飞狗跳，混杂着女人们的喊声、孩子的哭泣声，一会儿就消失在四周的竹林、苇丛和山沟里，村里竟然没有一个人了。

旅长尤太忠明白：这是老乡怕我们啊！他自己是从大别山出来的，知道老乡们遭的罪。他沉重地对战士们讲："我们只有用行动让他们看看，我们是当年的红军又回来了，是为穷人打天下的。今天晚上谁也不准住在老乡家里，连桌椅都不能碰一下，只准在外面睡稻草！"

刘邓首长在亲自抓纪律、搞整顿的同时，还处处以身作则，带头执行自己亲自制定的群众纪律。

1947年10月，高山铺战役前夕，刘伯承在湖北浠水三角山察看地形

　　1947 年 10 月 21 日，刘邓率部来到湖北浠县三角山的半山腰，部队休息时，警卫员康理找了个向阳背风的旮旯儿，铺上干草，扶刘伯承坐下。刘伯承突然听见自己的衣襟里发出叮叮当当的金属碰撞声。仔细一摸，有两块银元被缝在他前襟的补丁里。刘伯承撕开补丁："我刘伯承真是老眼昏花喽。这一定是房东大娘给补进去的。糟糕糟糕！"

　　警卫员康理也想起来了。刘邓住在山脚下张家榜的一户老乡家里。早上，刘伯承正在伏案研究地图，房东老大爷泡了一壶茶端上来，谁知水装得太满，不小心洒在了地图上。房东见闯了祸，慌忙用袖子擦地图，结果又把紫砂茶壶碰到地上摔碎了。"不要紧，不要紧。这叫岁（碎）岁平安嘛。"

　　刘伯承一边弯腰收拾茶壶碎片，一边说着当地的吉利话，又掏出两块银元："你是为照顾我们摔碎了自家的东西，应该由我们赔偿。"房东说什么也不肯收。

　　刘伯承就把钱塞进他的衣袋里："损坏东西要赔偿，这是我们的纪律。你要是不收下，我心里会不安的。"房东没了主意，赶忙回屋去找老伴。过了一会儿，房东大娘又端上两碗茶水，递给刘伯承和邓小平。

　　她发现刘伯承的衣襟上破了个大口子，叹道："你们这些当兵打仗的人呐，就像薛平贵，衣裳破了都没人缝补。快脱下来，我帮你补补。"刘伯承难却大娘的好意，就把军装交给了大娘，没想却让她移花接木了。

　　刘伯承掂着两块亮光闪闪的光洋说："这倒成了难题了。钱是一定要还的，可是已经上了半山，我再回去，你们肯定不同意。那么，只好麻烦哪位辛苦一趟了。"直到送银元的同志回来报告说银元已经送到了老大娘手中，刘伯承才放下心来。

大别山山多地少，老百姓都是常年吃不饱饭。刘邓一下子进来近10万大军，部队缺吃少穿，非常艰苦，连李达一向重视、由司令部值班参谋坚持记了十多年的《阵中日记》，也因为找不到纸而难以为继了。

一天，司令部的几个参谋在一所空无一人的小学校里发现了白纸，真是喜出望外。他们估计小学校的师生因不了解解放军而躲藏了起来，于是他们留下了一笔钱，把白纸带了回来。

刘司令员见到之后询问白纸的来历，得知是参谋们擅自做主将纸带回后，批评他们说："这是破坏教育的行为！"

李达知道此事后，马上去刘伯承处道歉，并为部属承担了责任。李达回来后，找到那几个拿纸的参谋，对他们说："大别山区的经济、文化本来就落后，再加上国民党的封锁，学校有钱也买不到纸。没有纸，孩子们就没法上课。我们是人民的子弟兵，要处处为老百姓着想，无论我们有天大的困难，也不能影响孩子们学习。"

李达的这一席话使参谋们认识到自己的错误，于是把白纸送回了学校。

《阵中日记》怎么记呢？李达吩咐参谋们把用过的《阵中日记》找出来，他用笔在本子的背面试了试，高兴地说："看看，翻过来背面还可以写，就用这些旧本子记吧。"

10月的大别山，秋犹未过，但早晚已是寒气袭人。刘邓大军远离后方，供应不及，然而，战士们仍穿着过黄河时的那套单军衣。一到夜晚，露寒霜重，寒风袭人，战士们冻得瑟瑟发抖，难以成眠。

党中央、毛主席时刻关心着部队官兵的冷暖，1947年9月16日，毛泽东亲自给刘伯承、邓小平起草电报："你们全军冬衣准备，不要将重点放在由后方按时供给上面，要放在自己筹办上面。你们如能努力收集棉花、布匹，每人做一件薄棉衣或做一件棉背心，就能穿到12月、1月，那时，冬服可能接济上来。"

刘伯承、邓小平接到电报后，于9月21日电告中央："此间布匹、棉花很多，但无钱买，而后方棉衣又很难送来，我们攻占城镇时，向商人征借布匹，向其保证归还。此种办法，一个时期对商人会发生很坏影响，如不采取，则棉衣很难解决。"

9月22日、23日，中央军委连续两次电复刘邓："同意向商人征借布匹棉花，解决冬衣困难。""你们应下决心即动手在现地自制冬衣""不要长途运送冬衣。"

刘邓立即复电中央军委："我们决心自筹棉衣。"

随即，刘邓指示各部队，就地购买材料，自行缝制棉衣。号令一下，大家齐动员。各部队派出采购人员，根据规定的政策，向商家和群众购买、筹借布匹和棉花。人民群众非常关心解放军，听说部队筹集棉布，有的送来土布，有的送来棉花，还有的把拆洗过的旧粮食口袋送来。棉布主要是向商人购买，部队公平交易，价格合理。同时，部队还在解放的几个县城里缴获了一批布匹和棉花。这样东拼西凑，总算把做棉衣的材料筹齐了。

布匹有了，但发到部队，战士们都大眼瞪小眼，说这些红布、蓝布、白布，还有些是花花绿绿的印花布，叫人怎么能穿得出去？

7纵7连20团3连的战士们拿着这些布，都不知道该怎么办。

有几个班长去找指导员："指导员，你是不是把布领错了？"指导员说："没有错，都是这样的布。""都是些花布啊。"指导员说："就是花布。"几个班长说："当兵的，穿花衣服像个啥呀？"岁数大的战士更不愿意了："这么大岁数了，还叫咱们穿花衣服，我情愿挨冻也不穿花衣服。"指导员说："这有什么，是花布可以染嘛，把草木烧成灰染染不就行了？"

战士们动脑筋，想办法，用树条、竹鞭和自制的弹弓来弹棉花，用稻草灰和锅底灰把布染成灰色，然后脱下单军衣，依样画葫芦，裁的裁，剪的剪，自己动手，缝制棉衣。

刘邓身先士卒，各自亲手做了一套粗布棉衣。邓小平和战士们一样，自己动手，亲自裁剪，一针一线缝制，他还和刘伯承一起经常到直属队去检查战士们做棉衣的情况。

邓小平和刘伯承走进警卫排的院子，见一群人正围着一个战士取笑打闹，原来这个战士做的新棉衣，前襟吊起来老高，脖子后面却鼓起一个兜兜，那兜兜大得能放进去一个大搪瓷碗。邓小平见状，也忍不住笑了起来。

刘伯承勉励指战员们说："我们是人民军队，没有克服不了的困难！""缝衣也有窍门，荷包用勾针，线路要匀要密，扣门要用倒线，裁领口可以比一个军用瓷碗。"

刘伯承走上前去，从衣领兜兜中拿出那只大碗，然后叫那个战士把棉衣脱下，放在门板上，邓小平连忙上前帮他拉平了袖子。刘伯承拿着剪刀，比着碗口，裁好了领口，又让其他同志缝好，不大不小正合适。

在邓小平和刘伯承的示范与指导下，战士们互教互帮，边学边缝。半个月后，全军指战员终于都穿上了自己缝制的棉军衣。

　　邓小平兴致勃勃地把自己刚缝好的那件棉衣穿在身上时，他仔细端详着，欣赏着，然后笑呵呵地对刘伯承说："你看，这穿在身上不是很好吗？我们的军队就是有这么一个最大的长处，只要我们自己动手，没有克服不了的困难。"

二十二、"差点像李逵那样把老娘弄没了"

　　刘邓大军在大别山区的战略展开，如一把锋利的尖刀，插入敌人的心腹，使敌人惶惶不可终日。卧榻之侧，岂容他人酣睡？对战局的这种变化，国民党统帅部惊恐不安：既怕刘邓大军在中原立足生根，更怕解放军南渡长江，突破大巴山防线进入四川。11 月下旬，蒋介石以 15 个整编师和 3 个旅的兵力，并以驻汉口战斗机、轰炸机等及海军舰艇部队作支援，于 11 月 27 日对大别山展开全面围攻。

　　雷保生记忆中有一次非常危险，要不是李达参谋长当机立断，后果真是难以想象。

　　有一次二野司令部来到了一个村庄住下，雷保生一如既往地把警卫工作布置好后，与作战处的同志一道安排好刘邓首长等在临时会议室开会的准备工作后，就匆匆忙忙去伙房吃饭。由于这里离敌人最近只有 20 多里地，一切都要保持高度警惕。

　　就在这时，天上飞来 2 架敌机，盘旋一圈后就飞走了。雷保生他们当时并没有在意，但李达参谋长却感觉不对，立即召集刘邓首长等向防空洞转移。正当大家还在犹豫不决时，突然又飞来 4 架敌机，紧接着一阵炸弹倾泻而下，刚才首长们开会的房子连同雷保生他们吃饭的伙房都被炸塌了。

他们连夜离开了这个村庄。后来，当他们离开这个村庄有一段距离后，又远远地看到几架敌机飞了过去……

事后，雷保生了解到，当时有潜伏在村庄里面的敌特分子通风报信，并在附近房顶上放了一块红布为敌机轰炸作引导。刘伯承后来对李达说："你可是我们的救命恩人啊！"

大别山的斗争，胜败不是决定在消灭了多少敌人，而是站得住脚。这就要求，对兵力的集结和分散要掌握得好。面对愈益严酷的敌情，刘邓冷静地分析了敌我情况，认为敌人的兵力占绝对优势，且密集靠拢，向心合击，难以捕捉战机；而我根据地新建立，群众尚未充分发动起来，中心区山高路陡，回旋余地狭窄，粮食困难，不便于大兵团机动作战，不宜集中过多的部队在大别山打大仗。

基于此，刘邓决心采取"避战"分兵的方针。即抽一部分主力留在大别山，利用大别山的复杂地形、在内线进行小的战斗和游击战争，打击和牵制敌人；同时在外线再开辟三个战场。

在最关键的时刻，邓小平与刘伯承分开了。邓小平同中原野战军副司令员李先念、参谋长李达组成前线指挥所，指挥大别山内线开展游击战争。刘伯承率后方指挥部随一纵队转移至淮河以北，指挥外线各纵队。

在谁率部坚守大别山的问题上，刘邓之间曾有过争论。留在大别山的部队只有3个纵队7万多人，而敌人有30万人，很显然，在敌重兵围攻，地形、供给都十分困难的条件下留守大别山，是一副重担，和中原地区以及全国各战场相比，可谓是重上加重。正因如此，刘邓都坚持要自己留下，让对方到外线指挥作战。最后，邓小平说服了刘伯承，毅然把重担抢在自己手里。他对刘伯承说："我到底比你年轻。我留在大别山指挥，你到淮西去指挥全局。"

12月8日，临分别的那一刻，雷保生一生难忘。刘邓的手紧握着，长时间不分开。那天有雨雪，邓小平冒着雨雪寒风给刘伯承送行。他们都不上马，并肩步行，一坡又一坡，一程又一程。尽管他们把分兵后可能遇到的问题都研究过，但都像有一肚子话要说。

那情景，雷保生觉得就像是生死别离，至今回忆起来还忍不住落泪。两位最高领导都知道形势的严峻，似乎他们也已做好了此生不再相遇的打算。

刘伯承最后表示："警卫团都给你留下，我只带一个排就行了。你在大别山行动频繁，我带电台在淮西给你提供敌情。"

刘伯承翻身上马，吩咐身边的随员们说："如果我们北上受阻，不幸被敌人冲散，大家就原路向南集中，到文殊寺去找邓政委。"并特别嘱咐电台，要按时和邓政委联络。

邓小平紧紧握着杨勇的手说："你们开辟淮西根据地的任务非常艰巨，要有充分的思想准备，刘司令员交给你了，你一定要确保他的安全。"

从此以后，刘伯承增加了每天早晨向警卫员问话的内容，第一句话必定是："政委在什么位置？几时取得的联系？他周围的敌情如何？我军的位置有什么变化？"

为了摆脱敌人的追击，纵队司令杨勇命令部队关闭了电台，走田埂，越河流，向北疾进。他反复交代20旅旅长吴忠和副旅长李觉，要保证刘伯承和中原局机关行军中的安全。

　　12 月 13 日那天真紧张，白天和国民党军打了一天，撤出村，敌人机枪子弹还在身边嗖嗖响，晚上继续走。走着走着，前面尖刀班走不动了。敌人在前面等着开枪呢。部队停下，老乡说都住满了。什么部队？戴铁帽子？一定是国民党军，解放军哪里有钢盔？肯定是敌人！侦察后知道是国民党军五大主力之一的整编 11 师。

　　杨勇把地图摊在地上，后面有追兵，前面有敌人，部队好说，打出去就行了，可刘伯承怎么办？还有那么大的机关。杨勇让纵队副司令员尹先炳速到 20 旅，一定要绝对保证刘司令员的安全。傍晚，20 旅出发，预定到北向店一带宿营。

　　北向店是个只有一两千人的小集镇。路上，4 团与刘伯承相遇。4 团团长晋士林命令部队暂停过桥，让"后指"机关先走。

　　第二天凌晨，20 旅旅长吴忠报告，缴获敌人的一张设营图。敌 11 师的位置正好和 20 旅的设营位置都在北向店宿营。杨勇立刻变更宿营位置，并火速通知"后指"及中原局机关。部队准备阻击敌 11 师，确保"后指"和中原局机关的安全。但是，一纵的电台和"后指"联系不上。

　　20 旅作战股长陈雷受命立即赶往小寨，结果没找到刘司令员。杨勇急了，命令副旅长李觉立即跑步前进，背也要把"老头"（刘伯承的保密代号）背出来。

　　就在杨勇火急火燎地找刘伯承时，刘伯承那里真的遇到了情况。刚开始刘伯承的位置在中间，因敌情突然变化，刘伯承的小分队就到边上了。阴差阳错，刘伯承没有接到情报。在陈雷走后到达小寨，此时东方已发白。

　　刘伯承警惕性很高，在村边遇到一个从北边过来的拾粪老汉，就问他们村驻队伍没有。老汉说昨夜来了队伍，一进村就砍树挖坑。刘伯承马上明白是敌人，叫参谋王文祯带上两名骑兵，按老汉指的方向去查明情况。

雷保生立即派出几名警卫员，顺着王文祯走的方向抢占有利地形。刘伯承命令所有的人不脱衣服，不卸鞍，原地待命。王参谋刚接近村头，就遭到敌哨兵的射击，他动作快，马上往回跑，但两名骑兵叫敌人抓去了。

这时，刘伯承才看到新的宿营图，他略一思忖，立即乘大雾指挥"后指"转移。情急之中，刘伯承在马上递给军政处长杨国宇一个老旧的指南针，命令道："走180度方位，那边有桥。"杨国宇按照指南针指示的方位，带部队向西，果然遇到了这一带唯一的木桥。过了桥，险境略缓，杨国宇不由得赞叹刘伯承的临危不乱和对驻地的了如指掌。

带队赶来接应的李觉刚到村边，正碰上刘伯承带队往外走。李觉说：我们已经让两个团出击，你赶快走。李觉让"后指"先撤，他担任掩护。

2旅旅长戴润生正在紧张部署战斗时，忽然看见刘伯承带着几个人来了。戴润生惊讶地问：首长，你们怎么到这里来了？刘伯承笑着说：我们刚刚进到预定的宿营地，就发现敌人，我们就悄悄退出来了。敌人没有发觉我们，也许还以为我们是自己人呢。

戴润生说：好险啊。刘伯承说：没有什么。你们看见中原局机关没有？戴润生说：没有。刘伯承脸上露出焦虑：你们马上派人去找。

敌11师已经知道我军首脑机关就在眼前，拼命攻击。2旅付出了 800 多人的伤亡代价英勇阻击，为"后指"机关和中原局转移赢得了时间。

夜里，向淮河进发，刘伯承问：我的"电灯泡子"呢？大家不明白什么是"电灯泡子"。刘伯承说，就是我的机关嘛，行军时要背着它走，可一安顿下来就要"发光"，一天也离不开。大家告诉他，机关在旅直属队后面，有两个团掩护，安全没问题。

邓小平听到北面的枪炮声一阵紧一阵，估计刘伯承出了危险，马上让 6 纵派部队向北策应，吸引敌人到南面来。直到不久接到报平安的电报，才放下心来。

过了淮河，见到杨勇，刘伯承开玩笑地说："这回好险，真像李逵那样，专门去接老娘，结果在庙里把老娘弄丢了。"

杨勇连连作检讨。刘伯承则说："这回我带'后指'及中原局出来，与敌人不期而遇，你们指挥果断，将士用命，化险为夷。这次战斗打得好。"

二十三、劝大家读范文澜的《中国近代史》

刘司令员治军，素来突出个"严"字。但是，他的严，并不是板起面孔教训别人。他的严格要求总是通过与人为善的批评、耐心细致的说服教育而实现的。

1948 年 6 月 5 日，刘伯承在宝丰城内团以上干部会上作了关于中原军区的任务和行动的报告。之后在一座教堂里休息，他特地找一位旅的领导干部进行了个别谈话。

谈话的内容是在一年半以前发生的一件事：1946 年 10 月，我晋冀鲁豫野战军在定陶消灭了蒋军整三师。在我军进行战略转移、大踏步地后退的时候，雨夜行军，部队拥挤，有些部队乱了建制。当时，这位旅的领导干部看到这种情况，大发雷霆，当着广大战士的面斥责上级部队领导，战士们对他这种作风很有意见。

这件事反映到刘司令员那里以后，他一直惦记着这件事。但由于进军大别山战斗紧张，没有机会详谈。直到 1948 年逐鹿中原，战局发生逆转。这次会议上大家齐集一堂，才解决了他一直惦记的这件事。事后，这位旅的领导干部说："刘司令员语重心长，耐心教导，时间虽短，他的谈话我一辈子也忘不了。"

刘伯承司令员批评同志很有艺术性，从不当众呵斥。有一次，当他听说有一个模范营营长带队连夜急行军，到达前线后，因为实在太累，没有做任何警卫布防就都睡觉了。这在战争时期是大忌！几天后，刘伯承司令员了解情况后，亲自带着雷保生到了这个模范营，对这个营长讲了母鸡带小鸡的故事，大意是，老母鸡带小鸡时，时时刻刻都把脖子扬得高高的，遇到危险总是把小鸡藏在翅膀下面。我们带兵打仗，任何时候都要保持高度警惕，都要像母鸡保护小鸡一样，爱护我们的战士。

另外，刘伯承司令员在战争年代，十分重视党的建设，每次带队到基层部队，都要带上政治部的同志，每次讲话前，也是先让政治部的同志先讲，他再做总结。对党中央或上级来人，不管职务高低，他都亲自接见、面谈，有时来人只是参谋级别，他也亲自接待。他常说，不管他们级别多少，他们可是代表党中央、上级党组织来的，亲自见面、交谈可以更准确了解、把握党中央和上级党组织的指示精神。刘司令员这些工作风格，对雷保生的一生都影响很大。

华东野战军和中原野战军两支部队在中原逐鹿中并肩战斗，互为犄角，机动歼敌，十分亲密。1948 年 12 月间，唐亮同志率华东野战军慰问团前来慰问中原野战军，带来了几个文工团，演出了精彩的歌舞、京剧和阿英创作的大型话剧《李闯王》。

这次慰问，给中原野战军指战员留下了深刻的印象。特别是《李闯王》这出戏，给部队以深刻的教育。刘伯承平时就常给干部战士讲历史上农民起义失败的教训。他常讲："历代农民革命，在共产党诞生以前，没有共产党的领导，为什么不能成功呢？"他说：

1948 年 12 月，刘伯承接见华东野战军慰问团

"现在我们读太平天国历史，便领略得深。范文澜同志写的《中国近代史》，对太平天国的失败，从主观原因上得出了三点结论：第一，不团结。洪秀全的人不团结，文武不团结，忠王不团结，显然是宗派主义。第二，保守。不愿到前头去。林凤祥已打到天津，为什么又返回南京？第三，图安乐、享受。大概像我们在焦作的味道，或者说像在邯郸，沙发一坐满舒服。"

这次华东野战军慰问团来演出，刘伯承同大家一起坐在木头上看演出，同他们一起吃饭，和他们亲切谈话。特别是《李闯王》演出以后，话剧团去听取他的意见时，他又一次意味深长地讲了历史上农民起义失败的教训。他对费贞娥刺（罗）虎一场戏特别赞赏，认为是这出戏的画龙点睛之处，凝聚着血的教训。他说：硬是要把肠子挑出来才足以震撼我们一些在胜利时刻破坏党的政策、招致失败的人们。他劝同志们打到南京以后去参观洪秀全的天王府，劝大家读读范文澜同志的《中国近代史》。

二十四、有关陈毅司令员的二三事

举世瞩目的淮海战役是第二野战军和第三野战军联合作战的成功范例。我军以 60 万人吃掉敌人 80 万人，创造了世界军事史上的奇迹。

为打好这次战役，中央成立了淮海战役总前委，由邓小平、陈毅、刘伯承、粟裕、谭震林等组成前线指挥部，邓小平任总前委书记。在此期间，雷保生随刘邓首长与陈毅、粟裕等多有接触，尤其是陈毅的豁达性格，给雷保生留下了深刻的印象。

1948 年到 1949 年前后，二野和三野首长们时常在一起开会。有一次，听到陈毅司令员马上要来与刘邓首长见面开会，雷保生与警卫人员马上去驻地路口迎接。只见到陈毅司令员一行乘坐美式吉普车远远地开过来，定睛一看，陈毅司令员被绑带牢牢地捆绑在车座上。大家先是一愣，只听陈毅司令员说："你们好大的胆子，敢把我陈毅绑起来！"这时，刘邓首长也赶来了，大家哈哈大笑起来。

原来，陈毅司令员有个"毛病"（本领），一上车就睡觉，快到了马上能自己醒了，时间把握得非常好。考虑到山区路况不好，加之吉普车门都是帆布做的，也没有安全带，万一急转弯容易把人甩出去，很危险。因此，粟裕代司令员兼代政委每一次都叮嘱警卫人员，一定要把陈毅司令员绑好、绑结实。

1948 年 12 月，淮海战役总前委合影

大约在淮海战役结束后不久，一次陈毅司令员开完会回驻地，由于时间晚、随行人员少，雷保生被安排与三野警卫员一道护送陈毅司令员回驻地。

路上有一晚不得不在野地里休息，随从人员找到了一个老乡看庄稼休息的高脚草棚，让陈毅司令员上去休息。陈毅司令员丝毫不嫌脏、不嫌差，反而乐观地说："全国还没有解放，你们就让我住上了小洋楼了。"大家听了都开心地笑了。

雷保生感到，在战争年代那么艰苦的环境下，我军将士们之所以能保持高昂的革命斗志，与像陈毅司令员这样的高度乐观主义精神的指挥员不无关系。

共产党的军队，之所以能打胜仗，正是得益于有像陈毅、粟裕、刘伯承、邓小平等一大批优秀指挥员，他们总是把党和人民的利益放在首位，爱兵如子，良好的官兵关系是任何旧军队都无法比拟的。

二十五、直接到总统府去联系找人

1949 年 4 月 21 日，人民解放军第二、三野战军的百万雄师在西起江西省的湖口、东至江苏江阴的千里战线上分三路发动渡江战役，彻底突破国民党军的长江防线。4 月 23 日，解放了国民党 22 年来的统治中心南京。这标志着蒋家王朝的灭亡，新中国的开始。

毛泽东主席以极大的热情关注着红旗插上南京总统府的重大历史时刻，写下了脍炙人口的诗篇《七律·人民解放军占领南京》。

钟山风雨起苍黄，百万雄师过大江。

虎踞龙盘今胜昔，天翻地覆慨而慷。

宜将剩勇追穷寇，不可沽名学霸王。

天若有情天亦老，人间正道是沧桑。

作为渡江战役 5 人总前委的邓小平、刘伯承、陈毅，他们都知道占领总统府的意义。4 月 27 日下午，邓小平和陈毅带着警卫人员，从安徽肥东来到了总统府。

总统府很大，最先进入的战士们一进门，先看到墙上挂着一幅巨大的画像，画像上是一身戎装的蒋介石。营部通讯员王宝仁掏出捷克式步枪连打几枪，画像被打了几个窟窿。"我们很恨他！"

几个战士登上了总统府的顶楼，旗杆上仍在飘扬的青天白日旗再一次把他们激怒了。"我们恨那旗子恨得要死，我一把上去把旗子扯下来，然后把我们冲锋用的战斗红旗升了上去。"

国民党官员逃跑后的总统府内一片狼藉，文件像雪花一样四处洒落。我们的干部战士来自农村，进了总统府有点不知所措，闹出了不少笑话。有的战士找不到合适的容器打饭，看到地面上摆放的干干净净的一个东西，拿来使用，后来才知道那是痰盂。有的乱扔东西，有的找不到厕所随地大小便，有的把地毯剪成一条条当背包带或垫子用。有的战士还在电灯泡上点烟，有的甚至将战马牵到西花园中洗刷饮水。

邓小平、陈毅等首长来到总统府楼上，看了蒋介石的办公室、会议室等，又到其他地方看了一遍。不过，这里的情况显然令他们有些意见。他们先是表扬："同志们辛苦了！你们有功呀！希望继续努力！"首长们在表扬战士们的同时，还指出："你们搞得乱七八糟的，太不卫生了，不要忘了'三大纪律，八项注意'，要遵守'入城守则'！"

邓小平还找到了驻军负责人，严厉地批评了他："总统府是国家的宝贵财富，是重要的文物，我们每个人都要爱护它。从现在起，部队全部迁出总统府，不留一兵一卒。"

4月29日，雷保生陪同刘伯承，一行风尘仆仆地抵达浦口码头。扬子江畔一片沉寂，街上行人很少，显得十分萧条，被敌人丢弃的破车烂炮到处都是。由于临行仓促，事先未与南京警备部队联系，过江后，只好包租了一辆公共汽车乘坐。

刘伯承上了车子，雷保生突然想起一件事："哎呀，不好，还没有让人号房子呢，这么大一个南京城，车子该往哪开呢?"刘伯承一听，呵呵大笑："到了家门口，反倒找不到家了。"他略一思忖，果断地说："叫司机直开'总统府'，到了那里就好办了。"

果然，一到总统府，很快就与南京警备部队联系上了。陈毅、邓小平等闻讯亲自坐车赶来，他们一起陪同刘伯承参观了总统府，介绍了相关情况后，把刘伯承安排到赤壁路一座原国民党要员的公馆里，这里离美国大使馆很近。两位老战友相见，谈起革命形势的飞速发展，兴奋得欢笑不止。

陈毅司令员在蒋介石原来的位置上，模仿着蒋总统的"架式"，把当时在场的

第二野战军司令员刘伯承和政委邓小平

人员都逗得大笑。那天，几位首长一时兴起，想喝咖啡，便让警卫战士们把缴获的上等进口咖啡煮来喝。

谁知道战士把一整袋咖啡粉都倒进了锅里，根本没法喝。那时的战士基本上都来自于农村，根本没见过这些"洋玩意"，陈毅司令员和几位首长都笑了起来……咖啡虽然没喝成，但几位首长都没

有责怪这位战士，反而还安慰他不要太在意。

总统府发生的情况使得三位野战军领导意识到，我军占领大城市后还有非常多的准备工作要提前进行，尤其是要培养成千上万的能正确执行各项政策的新干部。

总前委开会研究，向党中央、毛主席打报告，建议上海解放时间推迟一个月，在江苏丹阳休整一个月，做好部队进入大城市的准备工作，绝不能再发生"总统府内的乱象了"。因此，这才有了解放上海后人们所看到的我军的新风貌。

1949 年 6 月，在受命解放大西南出征前，刘邓决定从中央和老区选调 6000 多名新闻、邮电、财经、公安等方面的干部，同时招收上海、南京等地的大中学生、青年职工，组建 16000 余人"中国人民解放军西南服务团"。

同时，第二野战军军政大学也招收了大批新学员，为进军大西南培训干部。

二十六、任西南大区公安部侦查队队长

1949 年 7 月 16 日，也就是刘邓大军还在上海、南京一带时，中共中央决定成立西南局。10 月 13 日，刘邓大军解放了湖南常德以后，中共中央任命邓小平为西南局第一书记，刘伯承为第二书记，贺龙为第三书记；同时任命刘伯承为西南军政委员会主席；贺龙为西南军区司令员、邓小平为政治委员，分别统筹进军西南和管理建设西南的党政军工作。

1949 年 12 月，刘邓到了重庆，西南军政委员会成立。同月，西南大区公安部成立，周兴任部长，刘秉琳、赵苍璧任副部长。于桑担任了西南大区公安部侦查处长，出于首长保卫工作的需要，雷保生依然负责刘、邓、贺等大区首长的警卫工作，同时担任了西南大区公安部侦保科副科长兼侦查队队长。雷保生的工作直接向于桑汇报，听取他的指示。

1949 年 12 月 2 日，刘伯承任西南军政委员会主席

重庆当时是西南地区政治经济的中心，是抗日时期国民党的陪都。国民党长期在这里盘踞，训练，繁殖了大批特务。各地的敌党、政、军、警、宪、特分子，地主、还乡团、反动会道门头子等也大量逃集于此。刘邓大军解放了重庆，反革命势力虽经初步打击，仍然相当严重。蒋军溃退时，留下了8万名职业特务，制定了"应变计划"，布置了15个"游击根据地"，纠集组织土匪游击武装先后达百余万人。他们在"反征粮""反收税""打开县城做县长"等口号下，到处攻打城镇，抢劫杀人，肆意破坏公路、水运。1950年上半年，西南全区解放后又被匪特攻打、攻陷的县城有100座，贵阳市被土匪特务武装进攻5次，雅安市被匪特包围7天，区乡政府遭攻打的更多。全境公路沿线匪特为患，我12军运粮要40辆卡车同时行驶，每车都配上机枪。水上从重庆到泸州，一离开大渡口，两面就有土匪打枪，航路也不通。

西南解放还有一个情况很特殊，国民党军起义、投诚和被俘的官兵达90万人。其中起义的就有56万余人，是解放战争中历次战役人数最多的。对国民党军队的改造，是一项十分复杂和艰巨的任务。贺龙认为，要顺利改造起义部队，关键是要做好起义高级将领的工作。做刘文辉、邓锡候、潘文华、裴昌会、郭勋祺、罗广文、陈克非、董宋珩、王瓒绪等高级将领的工作，属于统一战线的工作。对他们的工作，很多场合都是公开的，西南大区还特地邀请京剧名家梅兰芳来重庆演出，因而西南大区组织的群众性公开活动很多。

重庆的情况如此复杂，大型公开活动中首长的保卫工作怎么同步进行？保卫部门想了很多办法，其中重要的一项就是用侦查队来解决重大群众活动的外围保护警戒工作。侦查队有八九十人，一有大活动，统统换成便衣，散在大会会场的外围或在群众中瞭望，掌握会场的情况变化。他们的活动，就像一些反特电影或电视中描写的那样，很多便衣在不停地瞭望或走动。

当年雷保生的侦查队就是做这样工作，由于他们工作负责，西南公安部措施得当，大型公开活动从未出过差错。

因为西南的情况特殊，即便部队来人，有时也要提高警惕。有次，雷保生的入党介绍人从部队来重庆了，找到了雷保生。雷保生很犯难，他知道对方在大别山有一段时间被打散了，跑到当国民党军官的哥哥部队里去躲避了一阵子。虽然对方以后又归队了，但雷保生还是不敢把他带到首长身边，只是在外面的饭馆里请他吃了一顿饭，叙叙旧情，连军区的大门都没让他进。

对国民党起义、投诚部队的改造工作主要由贺龙负责，很多时候，雷保生陪同贺龙去成都参加大大小小的活动。一次，在从成都回来的路上休息的时候，雷保生看到水里有很多鱼在游动。他拿起驳壳枪就往水里点射，很快就有几条大鱼漂了上来。

晚上厨房的大师傅用这几条鱼为首长改善伙食。贺龙一看有鱼，就问是从哪来的？回答是雷队长打来的。贺龙马上说，那为啥不喊他来一起吃？贺龙司令员性格豪爽，关爱部下，让雷保生感到很是温暖。

二十七、应组织安排找到了终生伴侣

　　刘邓大军解放重庆不久，一位女同志分到了西南军政委员会公安部，主要是负责首长的内部保卫工作，她就是周铮。

　　周铮是江苏丹阳人，高中生。在解放初期，参加革命的女同志具有高中文化，是一件很令人称道的事了。有文化的女学生能分到保卫部门工作，更是凤毛麟角。进保卫部门工作，首先要经过严格的政审。

　　周铮参军前名叫周韵声。父亲周嘉善1888年出生于江苏丹阳的一户城市贫民家庭，年轻时在当铺做店员，家庭生活还不错。抗战期间，周嘉善做小生意维持生计，从上海进一点生活用品洋布雨伞肥皂之类的东西，人拉肩扛到丹阳贩卖，维持最低生计。抗战胜利后，他开始与亲戚合伙，买了两台机器在家里织绸布。

　　周嘉善第一个妻子1935年病逝，其时第二个女儿周铮只有5岁。大女儿和二女儿竟然相差18岁。周铮出生时，19岁的大姐周韵遐已经离开家到南京、无锡等地教书。两年后，21岁的大姐就当了小学校长。

　　周铮虽然是老二，但大姐长期不在家，她是家里事实上的老大。她从小争强好胜，很有男孩性格。7 岁时日本攻陷南京，全家人上路逃难。她就能照顾奶奶和妹妹，每天都要与父亲一起拿着饭钵到难民点领取可怜的一点稀粥。她先让奶奶和妹妹吃，然后再去排队。再领不到了经常是自己饿着肚子。

匆忙离开南京时，没有联系到姐姐周韵遐，这成为全家人的心病。西去的路上，无数次地到难民点寻找姐姐的任务也落在了周铮身上。每到一地，安置好家人后，她就拎着浆糊桶，在醒目处张贴寻人启事。

周铮在江苏省丹阳国立社教附中（省丹中前身）读书时，老师是地下党员。受其影响，她积极参加老师领导的各项进步活动，发传单，贴标语，宣传党的主张，成为了老师的得力助手。

1948 年底的一天，一位姓张的地下党员被国民党追杀，不幸腿部受伤，眼看走不掉了。学校又不安全，这时老师安排周铮协助掩护转移。周铮毫不犹豫，把伤员搀扶到自己家的柴草房躲藏起来，瞒过了家人，也躲过了国民党的搜捕。第二天又成功将伤员转移出城。

这事后来还是被人告发了，当局得知是周铮参与此事，就将她抓捕关押在丹阳县警察局。

父亲周嘉善急坏了，四处托人打点，均无济于事。不得已请出丹阳社会名流吕凤子先生作保。

吕凤子先生是中国近现代著名画家、国立美专校长，徐悲鸿都尊称他为

1948 年学生时代的周铮

1949 年，周铮与战友合影（前排左 1 为周铮）

老师。他的面子很大，经他说和，周铮这才被保释出来。

父亲担心周铮再出事，就把她送到南京大姐周韵遐处安置。

1950 年，周铮在重庆

1949 年春季开学后才让她回到学校继续念书。

革命形势发展很快，1949 年 4 月丹阳解放。1949 年 4 月 23 日，以刘伯承、邓小平、陈毅、粟裕等为首的总前委、华东局、华东军区机关进驻丹阳县城和近郊，由于有支持地下党的工作背景，周铮旋即到二野军政大学学习，从那里参加了革命。

1949 年 10 月底，周嘉善接到了中国人民解放军第二野战军军事政治大学给毕业同学家属的一封信。信中写道：

周嘉善先生：

周铮同学在京沪杭解放之后，毅然投入本校，学习革命知识，数月以来，该同学努力学习，遵守校规，进步（很）大，已初步确定了革命的人生观，立志为人民服务，成为国家的建设人才。这是该同学的光荣，也是先生全家的光荣。

由于全国人民及人民组织起来的英勇的人民解放军，在中国共产党及毛主席英明领导下，经过了长期的艰苦战斗，已使我们的人民革命在全国取得了基本的胜利。我们人民自己的国家——中华人民共和国在北京宣告成立了，我们伟大的领袖毛主席荣任中央人民政府的主席，我们的国家从此开始走上繁荣、昌盛、幸福康乐的道路。但是还有国民党反动派的残余力量，尚待肃清，待解放区的（广）大同胞渴望我们去解放，繁重的国家建设工作要我们来承担。这是我们中华人民共和国每一个人的责任。我们有知识的革命青年当然更要积极努力参加，因为这（是全）国人民对我们的希望。

由于胜利形势迅速发展，本校奉令，先后开赴大西南，担负解放与建设西南的光荣任务。同学们在接到这一任务后，莫不欢欣鼓舞，纷纷要求早日出勤。并认为这是他们尽忠于国家、服务于人民的绝好时机，将要在革命的历史上写下最光辉的一页。且要在这一光荣的行动中，进一步锻炼自己，使自己成为更老练更坚强的革命干部。

现在，先生和全家已成了光荣的革命军人家属，将要受到政府及乡里广大群众（的）尊敬。我（们希）望你们努力地保持这种荣誉地位，并在这个基础上成为学习（和）执行（政）府政策法令、爱护与帮助自己国家及军队的表率，努力地参加生产，使自己的家庭变为模范的革（命）家庭。

　　祝

　　全家健康

中国人民解放军第二野战军军事政治大学

一九四九年十月十五日

1949 年 10 月，第二野战军军事政治大学给周铮父亲的一封信

　　10 月下旬，周铮从二野军政大学毕业后，分到了西南军区公安部保卫队，队长就是雷保生。

　　1949 年，雷保生已经 27 岁，团级干部，完全符合部队的结婚条件。周铮到了保卫队后，组织上开始为他们牵线搭桥。开始并没有告诉雷保生，组织上先找周铮谈话，得到了周铮的认可。

以后周铮再和雷保生单独见面时，就冲他笑笑，这让雷保生感到很异样。慢慢地，他也知道了组织上的安排。他对周铮的情况也了解，人也经常见面。他的心里，组织的安排是很神圣的，他毫无意见地接受了组织上为他选择的伴侣。

1950 年，雷保生在重庆

1950 年 8 月 30 日，雷保生、周铮结婚报告表

1950 年，雷保生、周铮在重庆

周铮把自己找对象结婚的事情写信回家征求意见。父亲周嘉善说，我们家女儿多，找对象不求别的，人要老实是最重要的。他的参照标准就是大女儿，大女儿在外工作多年，找了一位科技专家做伴侣，终身研究学问。

父亲提出要看看照片，周铮寄回去了一张雷保生的照片。父亲看了后觉得照片小了，说看不清楚，要周铮寄张大些的照片回来。周铮又寄回了一张雷保生大的彩色单人照。周嘉善看了后表示首肯同意，这才在周家完成了选婿的程序。

1950 年中秋节前，组织上突然宣布有要事要办。就在中秋节会餐前，领导到单位食堂宣布了雷保生和另外一位同志同时被结婚批准。那时，地方政权还没有理顺关系，雷保生和周铮的结婚证明由西南军政委员会政治部批准。大家在热闹的喜庆的节日气氛中，祝贺雷保生和周铮喜结连理，成为革命的夫妻。

从此雷保生、周铮二人相伴一生。

二十八、参与西南军区"三反"运动

解放初期，中共中央西南局和西南军政委员会在剿匪、反霸、土改、抗美援朝、恢复发展国民经济等方面，卓有成效地开展了工作。但是在这背后，少数党政工作人员贪污、浪费且染上官僚主义作风，严重影响了新政权的巩固和共产党在人民心目中的形象。

邓小平对贪污、浪费、官僚主义的现象早有察觉并多有批评。他在 1950 年 1 月 12 日批评二野直属部队的少数女同志架子很大："要从优招待，要住阔气的地方，一般栈房与仓位不去住，许多还盛气凌人，随便开支，铺张浪费，甚至有在汉口忘掉了一只火腿，远在数百里之外还打电报给她送去。"（《邓小平西南工作文集》第 63 页，中央文献出版社、重庆出版社 2006 年版）

不到一个月，邓小平再次批评有的单位不爱护国家财产："把电灯、马桶、水管、家具等等搞得乌七八糟，直到现在还未引起各机关的认真注意。各机关不仅有上述的物力浪费，由于编制和工作方式的不合理，还浪费着许多人力……一辆小汽车每月开支 600 万元，约等于一个县政府的开支，现在用汽车的人太多。"（《邓小平西南工作文集》第 87 页，中央文献出版社、重庆出版社 2006 年版）

虽然西南局和西南军政委员会对本区的贪污、浪费、官僚主义有高度警觉，也处理了一批人，但总体而言，效果并不明显，很多领导干部和企业负责人没有认识到贪污、浪费、官僚主义的严重危害。恰好在此时期，中共中央发出了反对贪污、反对浪费和反对官僚主义的相关指示。西南局和西南军政委员会在中共中央相关指示的指导下，开展了本地区的"三反"斗争。

雷保生接触到的范围里，这些现象不是很严重。那时部队缴获的美国物资很多，比如精装的三五香烟，成箱地堆在那里，很多都是金属罐装，由他保管，好几位兵团级高级首长来重庆开会，也时不时地跑来找雷保生要烟抽。受其影响，雷保生有时也抽起烟来。

李达参谋长看到后，很严肃地提醒雷保生。雷保生马上意识到问题的严重性，立即把烟戒了。兵团级首长再来重庆开会，雷保生这里也不提供香烟了。

其实，在雷保生的革命生涯中，他对公家的东西高度重视，坚守职责，克己奉公。在1948年下半年，他从河南送汪荣华、卓琳等一批野战军首长家属到石家庄，身上带着一大批解放区发行的支付货币，用来支付首长家属的吃住费用。

途中，他随身的一个背包丢在了解放区的一处接待站，那里面就有他随身携带的大量解放区货币。在当时，那是一笔很大的数字。雷保生在途中察觉背包丢失时，已经离开了接待站很大一段距离。雷保生心里非常着急，但他丝毫没有表现在脸上。下午到了另一处接待站，他安排好了汪荣华、卓琳等大姐的休息吃住。没有动用军队大卡车，而是夜里跑步往返160里，回到了上一处接待站，终于查出了随身背包的下落，原来是被同住的一位人员偷走了。

雷保生连夜处理好这件事情后，返回下一处接待站时，天已大亮。他来不及休息，又继续前行。回到野战军总部时，雷保生如实地向刘伯承、李达报告了这一情况，并作了检讨。

刘伯承司令员与李达参谋长并没有批评雷保生，他们了解雷保生的为人和品行，哈哈大笑而过。

在西南局"三反"的开始阶段，周铮就没有这么幸运了。解放重庆时，一个军阀家里的金库遭到哄抢，这次就着"三反"运动，要寻找这批金器和珠宝的下落，收缴上来的珠宝及金银都交由周铮保管。

周铮很负责，也很细心，珠宝金器登记得有条不紊。没想到她工作十分熟练和麻利反而引起了有些同志的警惕和怀疑：周铮家里到底是什么出身？出身城市贫民的她怎么对金银珠宝的名称、类别和性能这么熟悉？是不是她对组织隐瞒了什么东西？

在当时的特殊复杂环境里，这些怀疑都有一定的道理。于是，组织上对周铮的出身及家庭背景又进行了一次审查。审查的结果令人意外，周铮的家里没有任何问题，她对珠宝的熟悉是因为父亲年轻时在当铺当学徒，父亲经常抱着她去当铺玩。很小的周铮对珠宝看得多了，童年的记忆使她对金砖、金条、珠宝、玉器，都能分得很清楚。

审查完以后，组织上又恢复了对周铮的信任。

二十九、多次随西南大区首长执行重要任务

1949 年 9 月底，雷保生随刘伯承进北京参加中华人民共和国成立大会，这是多么激动人心的时刻啊！参加革命十多年，不就期待着这一天吗？

1949 年 10 月 1 日上午，雷保生把刘伯承司令员亲自送上天安门城楼后，他就下来站在天安门城楼背面城墙处休息，等待伟大领袖毛主席的庄严宣告——"中华人民共和国中央人民政府今天成立了！"

虽然当时他也没完全听懂很浓重的湖南口音，但是，广场上几十万人的欢呼声却至今难忘。

参加完庆典后，他又亲随刘伯承来到了进军大西南的前线。此时，重庆还在国民党统治者的手中。

1949 年 12 月，雷保生又一次陪同刘伯承司令员到北京开会。会后，他乘飞机经停西安，雷保生向刘司令员请假，想回渭南老家看看。当刘司令员听说雷保生从 1938 年参军后就从未回过家，也不知道家里现在的具体状况时，当即同意他回去看看，并把他自己的一条军毯送给雷保生，让他转交给家人。

雷保生第二天回到家乡南雷村时才得知，父亲雷成英已于一年多前病故了。由于雷保生是家里独子（另有两个妹妹），离家后十多年杳无音信，父亲雷成英到处打听、寻找无果，积劳成疾，未能等到雷保生回来的这一刻。

好在继母齐春霞健康状况尚可，大妹妹虽然是以童养媳身份嫁出去的，但妹夫一家待她很好，生活还算幸福。小妹妹也刚刚嫁人，对方也是老实巴交的农民。看到一切还好，雷保生告诉继母，待他在重庆安顿好，就接她到重庆一起生活。

在家里待了不到一个星期，雷保生就匆匆上路了。他一路乘汽车，从渭南、西安、宝鸡，翻越秦岭经成都后，终于回到重庆，又投入到紧张的工作中。

1950年春天，雷保生又一次随刘伯承到北京开会。住在中南海近半个月，期间他还曾去毛主席的住处送过两次文件。这次回来是从北京乘飞机到武汉，从武汉乘南昌号护卫舰（系1949年国民党军起义后编入解放军的战舰，后因担心国民党飞机轰炸，主动沉入江底保存下来）到重庆。这是雷保生第一次乘坐军舰。

1951年南京军事学院成立，刘伯承担任首任院长。刘司令员离开西南局后，雷保生除了做日常保卫工作外，重点是照顾邓小平和贺龙两位首长。

1953年到1954年前后，雷保生曾多次随邓小平到东北长春（因抗美援朝战事激烈，后方有大量事务要处理，中央曾多次在长春开会）、北京开会。在北京期间，仍是住在中南海。其中，一次受邓小平政委的委托，将其13岁的大女儿邓林带回重庆。可见，雷保生办事细致、可靠，几位首长都是公认的、放心的。

三十、与钟月林大姐建立一生的友谊

在重庆，周铮参与负责西南军区总部首长的安全保卫工作，与首长夫人接触较多，慢慢就和宋任穷的夫人钟月林同志熟悉起来。

钟月林是江西于都人，15 岁就参加红军，爬雪山过草地长征路上走过来的"30 女杰"之一，是我党杰出的女干部。钟月林年长周铮 15 岁，周铮对她十分尊敬，见面总是"首长""首长"地叫着。

钟月林一点架子也没有，每次见面都是拉着周铮的手嘘寒问暖，她说以后不用叫我首长了，你就叫我大姐吧！

周铮感到很温暖，她又多了一个姐姐了！ 1952 年底，周铮生了老二，当时工作较忙，而周铮的奶水又不足，小孩总是饿得半夜哭叫，影响休息。

经过同事介绍，周铮请了一个奶妈照顾小孩，这样就轻松多了。有一天碰到钟大姐了，女人间交谈免不了说到孩子的事，钟大姐也是刚生了孩子，她年龄大，奶水更少，听说周铮给孩子找了奶妈，孩子大人都解脱了，就托周铮帮她也找一个。

周铮答应了。奶妈要住进曾家岩西南局大院，都要经过严格政治审查，周铮请的奶妈经审查合格。这次她跑了很多地方，问了很

多熟人，几天过去了，总也
找不着合适的。

　　这时周铮就和雷保生商
量，先把自己家的奶妈让给
钟大姐，自己再慢慢找。又
怕钟大姐不答应，他们就谎
称奶妈找到了。第二天，周
铮领着奶妈到钟大姐家，钟
大姐看了很满意就留下了。

　　后来，钟大姐知道是周
铮让出奶妈的，一个劲地感
谢周铮。周铮说："帮姐姐一
个忙也是应该的吧！"过了
两天，钟大姐还给周铮家老
二买了几袋奶粉送过来。

1953 年，周铮与大儿子、二儿子合影（重庆）

　　后来，钟月林随宋任穷调到东北工作，周铮随雷保生回到西北
工作，特别是经过"文化大革命"的动乱，她们之间的联系中断了。

　　到了 2000 年，雷保生家的三儿子和钟月林的女儿都在中煤总公
司系统工作，经过孩子间的牵线，周铮与钟月林大姐又联系上了。

　　钟月林大姐多次打电话邀请周铮去她家作客，周铮也真是想念
大姐了。10 月份她乘火车到了北京，钟月林大姐把周铮接到中南
海家里住下。

　　看到老首长宋任穷政委和钟月林大姐，周铮感慨万千，几十年
不见了，他们都老了，特别是宋政委已经讲不清话了，但是还能依

2000 年 4 月，周铮与宋任穷夫人钟月林合影

稀认出周铮来。

在钟大姐家，她们有说不完的话，钟月林又提起当年在重庆让奶妈一事，周铮连说那都是小事，不值得大姐挂念。

钟月林大姐知道周铮是南方人，爱吃鱼，特意吩咐厨房烧鱼烧虾招待周铮。看到这样麻烦钟大姐，住了三天，周铮执意要走。

钟月林大姐挽留不住，和周铮合了影，又派车把周铮送到车站，一再叮咛她要常来北京看她。

2009 年 8 月，周铮得知钟月林大姐去世的消息，这时她的身体也不好了，想去北京送大姐一程已经走不动了，想到今后再也见不着敬爱的钟大姐了，她悲痛地流下了眼泪，在西安的家里，心里默默祝愿大姐一路走好！

下　篇

回转家乡献身煤炭事业

三十一、任国家建委保卫科科长

1950 年 6 月，经过深思熟虑，刘伯承上书党中央，恳请辞去一切职务，希望能专心致志地筹办现代军事院校。同年 11 月，中央军委任命刘伯承为南京军事学院院长，学院于 1951 年 1 月 8 日正式开学上课。

1950 年 10 月 27 日刘伯承离开重庆前，送给雷保生好几件礼物，其中一件是颇为名贵的派克金笔。他对雷保生说："我走之后，你好好学文化，学好了就来南京找我。"

1950 年 8 月 1 日，人民革命军事委员会发出《关于在军队中实施文化教育的指示》。全军规模的文化教育从 1951 年 1 月全面展开了。西南军区机关、部队的学文化运动也轰轰烈烈地开展起来，到 1952 年夏季，形成了高潮。

"黑咕隆咚天上，出呀出星星。黑板上写字，放呀放光明。什么字，放光明？学习，学习二字我认得清。"

20 世纪 50 年代，这首《夫妻识字》在大江南北风靡一时，无数人唱着这首歌，走进了扫盲班的课堂。当时全国 5.5 亿人口中有 4 亿多是文盲，文盲率高达 80%，有的地方甚至十里八村也找不出

1956 年 4 月 14 日，雷保生任命书

一个识字的人来。军队当时也办扫盲班，正式的称法是"文化教育运动"。

雷保生上过 2 年私塾，文化程度不高，但识字没有问题。他与周铮也结婚了。婚后，周铮对他说："现在仗打完了，你还是应当好好学习文化。"

1952 年下半年，雷保生被组织上送到西南军区党校学文化。他在学校里担任了

1956 年，雷保生周铮夫妇在北京

学员队党支部副书记，带头学习，成绩优秀，6 个月毕业。经考试鉴定文化程度为高中。

中国的社会主义建设，得到了苏联的大力支持。从第一个"五年计划"起，苏联共派遣了 1.8 万人次的专家，援助中国开始建设著名的"156 项工程"，包括军工、冶金、机械、化工、能源、轻工和制药等一大批重点工业项目，由此建立了中国"社会主义工业化的初步基础"。

雷保生党校毕业后，国家第一个五年计划开始实施。按照规划，"一五"期间的基本任务是：集中主要力量，进行以苏联帮助中国设计的 156 个建设项目为中心、由限额以上的 694 个建设项目组成的工业建设。苏联援建的 156 个项目成了重中之重，由国家建委（1954 年成立）负责组织实施。

雷保生党校毕业两年后的 1955 年底，国家建委来人到西南军区挑干部进京。他和学员队党支部书记两人一起被挑到了国家建委。

因为时间紧，任务急，来不及办转业手续，雷保生穿着军装，依然是享受军队待遇，甚至随身的武器都没有上交，他带着 3 把枪（其中还有一杆拐棍枪，这是在重庆曾家岩国民党总统李宗仁的公寓内搜出，李达参谋长批准雷保生自己留用），就这样到了国家建委工作。

国家建委还是用他的长项，任命他担任保卫科科长，当时主要任务就是外调政审。

1953 年开始的 156 项国家重点工程，很多技术骨干都是国民党时期留下的技术人员，他们现在都纷纷承担了国家重点项目的技术甚至是领导工作，但很多人的政治面貌还依然不是很清楚。因而外调政审是很重要的任务，雷保生长期在首长身边工作，作风正派，对党忠诚老实，是从事这方面工作的理想人选。

从1956年初到1958年中，长达2年多的时间，雷保生大都是在飞机、火车的出差途中度过。

原北京俄文专修学校师生合影（1956年前后，前排左3为周铮）

反右开始后，国家建委有关部门获悉了一个情况。国家建委幼儿园司务长新中国成立之前在山西牵涉杀害共产党人的命案。由于姓名和时间、地点都高度吻合，组织上准备要对其采取逮捕。

雷保生反复看材料，觉得有疑点，不扎实，他向组织上提出，自己去山西实地进行一次外调，根据调查情况再作决定。他的要求得到了组织上的同意。

在山西大同煤矿，雷保生经过仔细调查，终于弄清了事件的真相。这是一个同地区、同姓名的巧合，那人在解放前确实牵涉了杀害共产党人的命案，但已经被处理了。

　　雷保生坚持与实地外调，还原了一位同志政治上的清白。他回来后，得到了国家建委机关党委的表扬，认为由于雷保生坚持外调，避免了一次冤假错案。还给他提升了一级工资，这在当时，是等级很高的表彰。

周嘉善老人在国家建委宿舍门前留影

周嘉善与雷保生及家人在北京颐和园游玩

三十二、任陕西铜川李家塔矿党委书记

　　雷保生进北京，是因为苏联援助的国家"一五"计划156项重点工程的开展。他离开北京，则是因为156项援助重点工程的停止。

　　中苏关系交恶，中国在1958年就有思想准备和应对措施了。1958年，国家建委首先撤销了，这项撤销的法律程序是在1960年完成的。

　　国家建委有关领导说，我们的这些干部都是好同志，一定要把他们的工作安排好，要让他们满意。

　　共产党的干部从来都是由组织分配，不讲二话。组织既然这样开口，雷保生的工作去向也就在家庭里进行了充分的讨论。

　　还在雷保生进北京前，周铮就考进了北京俄语专科学校，脱产当了学生。到1958年，家里已经有了3个儿子。为了照顾孩子，雷保生把继母也接到了北京。

　　这次重新考虑工作去向，家里人都发表了意见。继母坚决表示不愿意在北京，她提出的一个理由匪夷所思：在北京大城市，她死了会火化掉，烧她会觉得疼。她坚决要求回陕西老家，死了可以埋进土里。这样北京新华印刷厂等单位的领导职务，雷保生就不能考虑了。

周铮则表示坚决不去重庆，那里是火炉太热，热得受不了。每到夏天睡到凉席上，起来后竟是一个大大的人字汗痕留下来。周铮的坚持，使本来重庆商务局航运公司一把手的位置可以让雷保生选择，他也只好放弃了。

最后，雷保生考虑到回陕西老家。中央工交政治部的领导说，陕西老干部多，安置会有困难。但国家建委的领导没放弃，他们对雷保生说，组织上给你出路费，你自己跑一趟，联系好了工作，再给你转各种关系。

征得领导同意后，雷保生自己出马，怀揣着介绍信来到西安，找到陕西省委组织部，组织部的同志看了看介绍信，见是国务院机关干部，下派陕西工作，面露难色说："陕西是老区，干部多，省委机关和西安市委机关都已经满员，不好安排了。"停了一会儿，他又婉转地对雷保生说，刚才铜川矿务局书记到组织部要干部，你愿意见一面谈谈的话，可以叫过来见见。

雷保生说："我到陕西工作对职务安排没有要求，只要有一份工作干就可以。"

两天后雷保生就见到了铜川矿区党委书记张少林。张书记老家是富平，雷保生老家是渭南，两地相隔仅几十里，算是近老乡。张少林年长雷保生几岁，早年追随习仲勋参加革命，两年前从省委组织部下派到铜川矿区任党委第一书记。他简单介绍了铜川矿务局的情况，并欢迎雷保生到矿务局工作。他对雷保生说，"不开介绍信，先到铜川看看，满意了留下，不满意还可以走"。

雷保生当时就表态，不到铜川看了，现在就开介绍信吧！

就这样，雷保生来到了铜川矿务局，张少林又介绍他认识了局长白占玉。白占玉是陕北人，1934年就已经担任安定县苏维埃政府主席，是资格很老的老革命。白占玉局长对雷保生来铜川矿务局工作表示欢迎，他说，党委开过会了，先安排雷保生在局机关工作，担任机关党总支书记，并询问雷保生对这样安排有意见吗，雷保生说没有意见，服从组织安排，努力搞好工作。

一个月后，雷保生把家从北京搬到了铜川。说真的，从繁华都市北京来到山沟小县，落差还是比较大的。

20世纪50年代，在陕西只有两个大城市，一个是西安，一个就是铜川。那时陕西只有两个地方有铁路，一个是西安，一个也就是铜川。铜川修铁路，是因为产煤。整个陕西的煤炭开采，都集中在铜川。铜川在陕西的地位可想而知。

最重要的是，铜川有国家"一五"计划的重点工程项目，这么多年来，雷保生一直是在为国家"一五"计划的重点工程项目服务，选择到铜川，他也就无憾了。

铜川是一座山城，也是一座煤城，居陕北黄土高原南缘，关中平原北界。原名"同官"。因与"潼关"同音，又设在铜水之川，故更名为铜川。矿务局机关设在铜川十里铺，往南两里地地名称狼沟，几年前还有野狼出没，矿务局搬过来后，人渐渐多起来，把野狼都吓跑了。局机关干部不多，雷保生的工作也相对轻松，第二年局领导把支架厂、局农场又分给他管，事情慢慢多了起来。

1959年初的一天，铜川矿务局局长宋炳祥找雷保生谈话（这时白局长已经调省煤管局工作）。说是最近三矿工作比较被动，完不成生产任务，局里要派工作组到三矿，协助三矿党委扭转被动局面。工作组组长由宋炳祥担任，雷保生任副组长。

这样，雷保生随宋炳祥来到三矿，第二天宋炳祥回局里开会，雷保生马不停蹄地召开各种座谈会，了解情况，还抽空下了井。第三天，宋炳祥回来了，还带了矿务局组织部长一起过来。

雷保生说把这几天了解到的情况向宋局长汇报一下，宋炳祥说不忙，先通知全矿干部开大会，宣布局党委决定。到这个时候，雷保生才知道，矿区党委会议决定由他担任三矿党委书记，今天就宣布。

宋炳祥对雷保生说，决定有点突然，希望能理解。还说，考虑到我孩子多，三个孩子都到上学年龄了，家可以不搬，周铮还在局里工作，便于照顾孩子上学。

雷保生想，既然组织上安排担任三矿党委书记，家不搬来，心就安不下来，工作也搞不好。再说矿上那么多干部职工都能安下家，自己不能搞特殊。

就这样，雷保生的家从铜川市又搬到了更为荒凉的三矿。三矿位于铜川市东南12公里的郊区红土镇王石凹村附近，山沟密布，常有野兽出没，野兔野猪较多，矿工还曾经打死过几只土豹子。三矿前身是解放前的私营同泰煤矿，公私合营后改名为新泰煤矿，1955年改为铜川矿务局第三煤矿，后又改名为李家塔煤矿直到如今。

三矿是独眼井，主副井就一个口，还是木架子井架，罐笼也简陋，用钢板制作，周围铁丝围成一圈，挡住人不要掉下去了，一次只能上下矿工五六个人，提煤时就停止提人。

矿井通风口设在离矿区七八里路的陈家河，三矿没有选煤楼，出了煤要用绞车运到王石凹矿选煤楼，手选后装上火车外运。环节多，运输线路长，事故也多，经常是驴不曳磨不转，严重制约着生产发展。不过三矿的煤质很好，属于炼焦煤，国家建设急需这种煤炭。当时三矿的设计年产量是 15 万吨。

三矿班子成员大多是战争年代走过来的，矿长黄海源是陕北人，副书记梁忠英是山东人，年龄与雷保生相仿，也都是抗战时期参加革命的老同志，副矿长尹宝鼎是河北人，年长雷保生 10 多岁，战争年代是陕甘边区劳模，党的七大代表，老资格老革命。

在党委会上，雷保生总是认真听取大家的意见，尊重班子成员的建议，集思广议，他们也很支持雷保生的工作，解放初期党的干部都是这样一心扑在工作中，没有一丝私心杂念，也没有功夫去搞窝里斗。

在周铮的工作安排上，党委会决定她担任矿干部教育科副科长，主管教育工作。三矿有两所子弟学校，涵盖了中小学教育，后来陈家河又办了一所初小，大小也算三所学校了。周铮是大学生，在矿上属于文化程度最高的干部了，组织上发挥她的专长，希望把三矿的学校办好。周铮在新的岗位上干得也是风风火火，没有让雷保生操过心。

三矿生活设施极为简陋，住的平房，用的旱厕，供水供电都是定时定点，一排平房只有一个水龙头，居民每天都要提着水桶排队等候，过了时间就吃不上水了。周铮工作又忙，还要管三个孩子，整天忙得晕头转向。从北京来到山沟，落差如此之大，她没有任何怨言，默默地支持雷保生的工作。

1960 年，四儿子在三矿出生了，周铮就写信让丹阳她的一个表妹过来帮忙带小孩，顺便从丹阳带来了一只马桶。马桶在南方是家家都有的如厕用品，很普通，但在北方看不到也买不到。表妹带来了这只马桶，以后就彻底解决了周铮上厕所难的问题。

当时矿上技术干部严重缺员，寥寥可数几个人，矿工也是从当地农民以及河南等地投亲靠友跑过来的农民中招聘的，素质普遍不高，安全生产意识不强，矿上发生了两次重大安全事故，死伤严重，血的教训也给雷保生敲响了警钟。这以后，雷保生对煤矿安全生产认识有了质的提高，坚持每天在调度室听取安全情况汇报，及时解决安全生产中出现的问题。

1960 年 12 月，铜川矿区党委欢送高宝山同志（后排右 4 为雷保生）

工作逐步走上正轨以后，雷保生又和局里联系，对矿井进行升级改造，提高产量，提升安全系数。先后把陈家河风井改造成了斜

1963 年 2 月，铜川矿务局首届党委委员合影（2 排左 2 为雷保生）

井，成了出煤井口，把木井架改造成钢梁井架，提升运输能力。经过改造提升后核定，年产量从 15 万吨提高到 80 万吨，最高一年产煤 81.6 万吨，一下跃居全局先进行列，成了全局生产的台柱子。

1963 年铜川矿务局召开首届党代会（在这之前是铜川矿区党委），雷保生被选为铜川矿务局首届党委委员。首届局党委委员 19 人，现健在的就剩雷保生一人了，其他人均已作古。雷保生经常调侃地说，对铜川矿务局首届党委，我是"硕果仅存"吧！

雷保生在李家塔煤矿（三矿）干了 6 年多，1965 年离开的时候，煤的年产量已经到了 81.6 万吨。

三十三、三年困难时期饿昏迷一天一夜

李家塔是老矿，解放前由私人开采，开掘也没有计划，到处挖洞，有些洞子存了大量的地下水，给雷保生时期的煤炭开掘带来了很大的困难。很多洞子里有水，挖不好，碰到了地下水，就会出现大的事故。

有一次，雷保生几个矿领导正在铜川开会，传来消息，煤层开采面被水淹了。情况紧急，几个矿领导会也不开了，急忙开车回来组织抢救。

因而在雷保生任职李家塔煤矿时期，各级都非常重视安全工作。雷保生他们矿级的领导干部，每个星期至少下井检查工作两次，到工作面去检查传送带，检查电机情况，通风情况。他们以高度的责任心，组织安全生产。

在三年困难时期，煤矿同样遇到了饥饿的问题。国家有困难，对煤矿干部的口粮定量有削减，但井下工人的标准依然坚持不变，每个工人每月56斤的定量，看起来不少，但由于那些年没有副食，很少有肉、蛋、油供应，仅仅靠这些粮食，工人们依然吃不饱。

矿山紧挨着农村，即便再困难，农民也还有点自留地生产的粮食在"黑市"上供应。为了解决矿工的吃粮问题，雷保生暗自定下了标准，对工人在"黑市"上购买农民自留地生产的粮食睁一只眼，闭一只眼，因为他们要下井，吃不饱就挖不动煤。对干部则坚决禁止，绝对不允许干部在自由市场上购买粮食。

因为1941年在抗大受伤，解放后雷保生被认定为三级残疾，国家给他颁发了《残疾军人证》，享受优抚待遇。在三年困难时期，国家遇到很大困难，党组织上号召高级干部（13级以上）每人捐献一个月工资，支援国家建设。

作为李家塔煤矿的党委书记，雷保生认为自己应该多奉献一点，除捐献一个月工资外，他还把《残疾军人证》上交了，不再享受优抚待遇。

最困难时期，雷保生的三个大孩子都正是发育长身体的时候，他家里还来了一个亲戚，分食很少的口粮。因为口粮少，工作量大，雷保生得了浮肿病。但他依旧坚持工作，有次在矿上突然昏倒，被送到医院抢救一天一夜，才苏醒过来。

最困难时期，国家每月给煤矿工人供应4斤黄豆，由矿上的豆腐坊生产成豆腐，供应给工人。这点豆腐和豆腐渣，成为雷保生等领导干部照顾矿山工程师等技术人员的调剂指标，尽量让工程师的家属去割草，到豆腐坊去换点豆腐或豆腐渣。

在三年困难的后期，领导干部挨饿坚持工作非常普遍，身体健康受到了很大损伤。国家为了照顾他们，按照政策标准和级别，给李家塔的党委书记和矿长每月供应一袋白面。但雷保生和矿长一斤也不往家里拿，每次都是供应的面粉到了，立即运到矿山工人食堂和大家一起享用。

在饥饿的年代，能够有一点机动的粮食，都被雷保生用到了采煤一线。他在职工食堂旁边，专门搭起了一个大门，上面写着三个大字"跃进馍"。这个窗口是特殊的窗口，专门用来鼓励超产的矿工。只要是当天采煤超过了计划指标，最现实的物质奖励就是可以去"跃进"窗口饱餐一顿"跃进馍"。

煤矿工人食堂蒸馍也很粗犷，四个馍连成一排，看起来像"杠子"，工人们叫它"杠子馍"。井下的超产工人上来，一抓就是两三排，有时甚至更多。那时油很少，肉很少，副食也很少，因而，从事重体力劳动，对主食的消耗尤为惊人。

三年困难时期，雷保生的家庭也处于特殊时候，他的4个儿子都在长身体，对粮食的消耗也很惊人。雷保生把小点的四儿子送回农村老家，和继母在一起生活。

从北京来到铜川，继母齐春霞跟大家生活了一段时间，她觉得还是难以适应。老家是在平原地区的渭南，而铜川是在山沟里，尤其在李家塔矿，出门就是山，行走就是沟，对于小脚的她来说，确实非常不便。

孩子们的奶奶回到南雷村后，没想到在困难时期，成为了雷保生、周铮与几个孩子的重要保障地。奶奶虽然小脚，年龄也大了，但是一生勤劳。她在农村屋前屋后种瓜种豆，经常给雷保生这里提供粮食补贴。每到寒暑假，几个儿子都被送到奶奶那里，既是看望，也是去吃饱饭，这无形中给雷保生一家增加了口粮标准。

在那几年，雷保生的4个儿子穿的全是奶奶在渭南平原上生产的土布衣服。奶奶种出棉花，辛辛苦苦地纺出线，又送到人家织出土布，在农村的土染坊里染上黑色，最后做成4个孩子身上的棉衣或单衣。真是很难想象，没有奶奶迈着艰难的小脚辛勤种植、放养，雷保生及几个孩子的生活就会更加困难。

三年困难时期，虽然吃不饱，但工作的量并没有减。参加工作的人，只能在有限的闲暇时间里处理家务。周铮一项很重要的任务就是织毛线，全家八口人身上过冬的毛衣，全是周铮在节假日和夜间一针针织出来的。而雷保生则买了一个鞋楦头，每到节假日或夜间，他把全家人的袜子拿出来，在鞋楦头上套好，一针针地缝补起来。全家人的衣服破了，也都是由他负责修补。

三十四、"文革"中被打成"邓小平的黑爪牙"

1965 年 11 月 13 日，雷保生调离了李家塔煤矿，任中共铜川基建工程公司党委书记。自 20 世纪 60 年代铜川开始，基建工程公司一直建在铜川，或是负责西北地区的煤矿建设，或是负责铜川矿务局的煤矿建设，它的名称和归属时有变化。雷保生上任的时候，基建公司和铜川矿务局是并行单位，"文革"后期，才归属铜川矿务局领导。

雷保生到基建工程公司不久，"文革"就开始了。各级领导都先后受到了批判和冲击，雷保生的罪名尤其严重，一顶"邓小平黑爪牙"的帽子，安到他头上尤为合适。

铜川基建工程公司的造反派认为抓住了曾和邓小平"资产阶级反动路线"有重要联系人物的雷保生，这是他们一个了不起的大"贡献"。因而对雷保生的批斗规模尤为浩大。在批斗台上，放上了一张大桌子，这桌子上又摞上了一张小桌子。两层桌子上面，还放上了一条板凳。雷保生就站在凳子上面，带着纸糊的高帽子，接受批斗。

由于台子太高，上面根本站不住人，造反派又调来了两架叉车，用叉车从两面叉住雷保生的肋下与胳膊，几乎把他悬吊在半空中。

批斗会从下午开始，持续了六七个小时，和雷保生同时接受批斗的几位领导干部都站不住了，有人瘫倒到桌子上，有人半倚靠着桌子或凳子，唯有雷保生直挺挺地被叉在半空中。他直挺挺地站着，既不妥协，也不服软，就那么让叉车架在半空中。

批斗结束回家后，已经快夜里11点了。周铮连忙端来水和饭，让雷保生吃。雷保生不说话，不喝水，他对如此批斗实在想不通。他让周铮拿来一瓶西凤酒，一口气全灌了下去，喝完后躺倒一觉睡到天亮。他把内心的苦闷和愤怒全咽到了心里。

批斗一阵后，造反派就让他和另一位老干部去拉沙子，雷保生的身体明显好于那位老同志，他在前面拉，那位老同志在后面推。干了两个月，雷保生又被罚去修理车间当钳工。

铜川地区造反派对领导干部的批斗出现了失控局面，好几位领导干部不堪批斗自杀了，一时间铜川人心惶惶。周铮心里非常紧张，她担心雷保生连续被批斗会出问题，就对3个儿子分派了任务，要他们3人分开值班轮流看着父亲雷保生，以防他想不开。

因而，在那段特殊的日子，无论雷保生是否外出接受批斗，还是在家里写检查，他的身边总有一个孩子守着他。或是站在批斗大会会场的旁边，或是站在他劳动的场所。有孩子在身边，也就是周铮在身边，周铮和孩子都在默默地支持他、呵护他，这让雷保生的心里感到了难得的踏实。

四儿子当时只有六七岁，还懵懵懂懂不知道这些事。有次雷保生接受批斗回来，摘下高帽子，小心地放在桌子上，老四伸手想去摸摸高帽子。雷保生拦住了他，说："小四，你别动啊！弄坏了高帽子，他们要打我的。"说着，雷保生在儿子面前，竟然流下了眼泪，可见他心中的委屈之深。

铜川基建工程公司批斗了一段时间后，李家塔煤矿的造反派来抢人了。这样一个很难在西北找到的"邓小平的黑爪牙"，竟然在李家塔煤矿工作了五年，李家塔煤矿的造反派竟然没有发现，这岂不是对造反派革命行动的最大讽刺？

于是，李家塔煤矿来了上百人，开了好几辆卡车，强行把雷保生从铜川基建公司抢走，带回到李家塔煤矿进行批斗。在李家塔的批斗规模更大，有一两万人参加。批斗后晚上也不让回家，雷保生穿着棉大衣，就睡在矿工劳保仓库的麻袋上。

批斗了两个多月，正是麦收季节，很多矿工都回家割麦子，矿上竟然没有人管雷保生了。这时，附近农村的生产大队来人把雷保生接走了。雷保生过去在矿上与附近农村的领导与群众关系很好，他经常让矿上帮助附近农村生产队的生产和建设。

因而，这里的大队领导与群众都记着雷保生往日对他们的好，并不认为雷保生是什么"走资派""黑爪牙"。他们对雷保生很关心，把雷保生接了去，还给他做了一顿当地的特色饭浆水面，让他一饱口福。这多少温暖了雷保生苦闷的心。

在李家塔矿挨批斗期间，雷保生被罚下井挖煤一年多。工人下井前，要开会，雷保生不能参加，也不准乱说乱动，就站在一边旁听。从井下上来后，工人们开始吃饭，雷保生也不能与他们一起吃，他需要在一旁请罪，等工人吃完后，才能去吃。

在李家塔矿被连续批斗了大半年，雷保生和一些领导干部被送进了铜川矿务局的学习班，继续写检查，提高认识。学习班离铜川有 30 多华里，周铮经常让几个孩子轮流来看望雷保生，还给他带来家里做的食品。几个孩子都是顺着公路走着来去。有时，他们也在路上扒矿上的顺路车。去学习班的公路都在塬上，上上下下，坡很陡，车子开不快，孩子们可以很容易地扒上去，这样省一点劲。

三儿子当时已经有十四五岁了，他的个头也长得快，和雷保生很像。一次他去看雷保生，还闹出了意外。一般情况下，雷保生等一批"走资派"都是被限定在几所住处，不让其自由行走。当看到老三从外面走过来时，看管人员惊呼："怎么让雷保生偷跑出来了？是谁负责的？"

经过仔细查找核对，原来是一场虚惊，不是雷保生偷跑出来了，而是他的三儿子看望父亲来了。

时间到了 1969 年夏季，随着"支左"军代表进入铜川矿务局，形势发生了一些变化。说到底，煤矿还是要挖煤，搞革命搞不出煤来，经济发展与群众生活都需要煤。1969 年 11 月，铜川市矿务局解放了一批矿务局和煤矿的领导干部，并重新分配工作。雷保生就在其中，他被分配到了王石凹煤矿。

三十五、王石凹矿成为工业高产的典型

王石凹煤矿位于陕西省铜川市东郊 12.5 公里处的鳌背山下，行政区划归铜川市郊区政府印台乡所辖。区内交通方便，铜川至罕井铁路、公路通过本矿，有煤炭运输专用线 12 公里与陇海铁路咸（阳）铜（川）支线相接。1968 年矿成立革命委员会，改名为反修煤矿，1972 年恢复王石凹煤矿矿名。

王石凹煤矿井田东临金华山井田，西接桃园井田，南与李家塔井田接壤，北与史家河井田毗邻。东西长 7.5 公里，南北宽 3.27 公里，面积 24.5 平方公里。矿区占地面积 3432 亩。是国家"一五"期间 156 个重点工程建设项目之一，由苏联列宁格勒设计院提出初步设计方案，西安煤矿设计院承担技术设计。1957 年开工建设，1961 年 11 月 20 日建成移交生产，年设计能力 120 万吨，是铜川矿区煤炭生产的大型骨干矿井之一，也是当时我国西北地区的第一座最大的机械化竖井。

铜川市的军代表到学习班宣布："雷保生在学习班的表现较好，现在给予解放，重新安排工作。"雷保生被带到了铜川市矿务局革命委员会政工组，他习惯地以为这是组织部，坐了很久也没有人出

20 世纪 70 年代初，雷保生与王石凹矿军代表周保德合影

来和他谈话。

这时，有人给了他一个条子，要他去王石凹煤矿去报到，担任分管生产的革委会副主任，排在一大串人的后面。后来党组织恢复后，雷保生又担任了分管生产的党委副书记。

王石凹煤矿军代表、革委会主任要雷保生在矿上的大会上讲话。雷保生一出现，会场就骚动起来，不停地有人高喊："邓小平的黑爪牙来了。"看到会场秩序已乱，雷保生放弃了本来已经写好了的讲话稿，他知道，现场不允许他按讲稿说话了。

雷保生说："前几年在这里批斗过我，现在要我出来抓煤矿生产。我是一名共产党员，战争年代负责保卫首长的安全，党员以服从党的命令为天职。党员的宗旨是为人民服务。工人阶级是先进的阶级，现在国家需要煤，西安的电厂、食堂、厂矿都需要煤。这么多的人都需要煤，说明我们煤矿工人挖煤很重要，很光荣。我们要把这个任务完成好，大家也可以多增加点收入。"

雷保生的话很实在，那个年头，提让工人多增加收入，是有风险的，但工人们都很乐意听到这句话，会场的风波一下子平息了。

会后，雷保生马上下到井里去调查情况。当时的王石凹矿有七八个工作面，没有一个工作面是正常生产的。雷保生在煤矿的井下调查了两个月，找到了各种问题的存在与解决的办法。他又去老工人家看望，充分调动老工人的积极性。

生产刚刚走上正路，突然接到铜川矿务局军代表的通知，要在某日达到挖煤产量 5000 吨，而当时每天的产量只有 1200 吨。雷保生说，这个任务我完不成。局军代表说，你完不成也要完成，这是政治任务。

那年头，经常会在某个特定的日子，进行突击跃进生产，要在这一天产煤达到一个值得炫耀的数字，以表示对某个重要日子的纪念。对于煤炭生产而言，这种突击式的上产量，蕴含着极大的事故风险。

雷保生坚持原则，不同意日生产 5000 吨煤。军代表认为雷保生"头难剃"，要他把尾巴夹起来做人，不要把尾巴翘开来张扬。雷保生说，煤炭部有规定，搞挖掘必须保证安全。煤炭生产安全工作放在第一位，你这样安排生产没有安全保障，我没法组织。出了问题，你们是军代表，说是不懂生产可以被原谅。我做了十几年的业务工作，我不能说不懂安全生产，出了事故，我无法向党组织和大家交代。

铜川矿务局军代表一气之下，把雷保生从生产岗位上撤下来，又让他到水厂学习班学习去了。军代表不信雷保生说的这个邪，他从部队调来好几个连的战士，他要这些战士到井下去挖煤，完成日产 5000 吨的任务。

结果可想而知，王石凹煤矿不是机械化采煤，而是人工掘进。那些战士下到井下，井下黑咕隆咚，什么也看不见。没有老工人带队组织指导，谁也不知道自己要干什么，谁也不知道怎么去挖煤，这些战士只好又从井下无功返回。

僵持了一个月，王石凹矿的军代表、党委书记周保德来水厂找雷保生，问他，你看王石凹的生产怎么办才好？雷保生想了许久，回答他说，我回去了解情况，和工人们聊聊再说。

从 1962 年投产开始，时间过去了将近 9 年，王石凹煤矿一直没有达到设计能力。过去是一个名副其实的落后单位，月月亏损，年年完不成国家计划，每年亏损 800 万到 1000 万元。累积起来，给国家造成的损失可再建一个 90 万吨的现代化煤矿。

雷保生认为，现在就着上面急切地想抓生产的机会，可以组织工人们打一个翻身仗。关键在于领导的决心和心态。

雷保生组织一班人深入基层，把完不成任务的原因搞准确，定出确实的改进措施，把一切准备工作都做到位，他于 1971 年 5 月 20 日召开了职工大会，会议的主题就是：大闹翻身。

雷保生和王石凹矿党委提出了战斗口号："一不等，二不靠，三不埋怨，四不叫，埋头苦干往上搞！""安下心，扎下根，团结起来闹翻身！"

这两个口号具有很大的号召力，在铜川矿务局也产生了很大影响。直到 21 世纪，现任的中共铜川市委书记郭大为在报告中还多次引用这两句口号，以激励后人。

雷保生和领导班子措施得力，发动到位，煤矿工人的生产积极性被充分调动起来。第二天工人们下井时，受了伤的工人也要求下井。基层领导劝他不要下井，他说，我别的不能干，可以开溜子（传输带）。

雷保生把很多老工人都安排到工作面上，他们在工作面上修理了一个星期，终于打好了全面恢复生产的基础。

　　王石凹煤矿6月份的挖煤计划是1200吨，实际上完成了1700吨，超产500吨。8月份就达到了2500吨，超产翻一番。生产指标火箭般地往上窜，9月份达到了3500吨，10月突进到4500吨，比1200吨翻了三番多。到12月，提前三天完成了全年的挖煤计划，这一年，王石凹煤矿破天荒地扭转亏损，做到不赔钱了。

　　一时间，王石凹煤矿成为后进变先进的高产典型，还以当时反修矿党委的名义，在1971年12月1日的《陕西日报》上发表了介绍经验体会的文章。

　　又经过2年的努力，到1973年，王石凹煤矿首次超额完成全年生产任务，年生产能力达到120万吨，上缴利润400万元。在雷

2017年10月，雷保生与王石凹矿老职工交谈

2017 年 10 月，雷保生与王石凹矿老职工交谈

2017 年 10 月，雷保生与现任王石凹矿矿长解耀明合影

保生等领导的带领下，提前一个月完成了任务，这是王石凹煤矿一件了不起的大事。雷保生命令煤矿停止生产半个月，检修机器，为来年再战打好基础。

省里会同铜川市及时召开了规模很大的现场会，总结和表彰王石凹煤矿的先进经验，王石凹煤矿还被树为全国煤矿战线的一面红旗，中央新闻纪录片《新闻简报》上几次出现表彰王石凹煤矿和雷保生的镜头。

那时，朝鲜的电影《卖花姑娘》在中国很流行，雷保生向有关方面提出：完成生产计划后，《卖花姑娘》的影片在王石凹煤矿连放3天，以慰劳工人和家属。

完成煤矿设计能力后的那3天，铜川很多人都专门跑到王石凹煤矿，观看电影《卖花姑娘》。那几天，王石凹矿电影里歌声不断，笑声不断，哭声不断。在尽情观看电影之时，王石凹人充分感受到了成为生产典型的自豪和荣耀。

三十六、在医院再次见到刘帅感慨万千

1972 年底国务院燃化部召开会议，因为王石凹矿被评为先进，陕西铜川矿务局领导安排雷保生去北京参加会议。

雷保生与副矿长毕生还有办公室主任一同赴京，雷保生是高干，能乘坐软卧，其他两人只能坐硬卧，不像现在谁有钱都可以乘坐软卧，那时候级别不到有钱也买不到软卧票。这趟车的软卧车厢坐不满，副矿长两人白天过来看雷保生，大家一起喝茶说话，晚上只能离开了。

会议开了两天就结束了，会议结束前，雷保生动了一个念头：能不能联系一下，见一见敬爱的刘帅。自从 1950 年刘伯承司令员调到南京军事学院当院长后，雷保生一直没有见过他，后来到陕西铜川矿务局工作，见面的机会就更少了。已经 20 多年没有见过了，心里着实想得慌。

雷保生找到中联部保卫处处长王维章，他是刘帅在北京的警卫员，又一直在中央工作，应该能联系到刘帅。王维章理解雷保生的心情，马上就联系刘帅家里。当天就给雷保生回话，说刘帅夫人汪荣华大姐同意去看望，只是最近一段时间刘帅身体不好，在医院住着，让雷保生直接去医院。

雷保生心里清楚，刘帅住院期间一般是不会客的，再加上那时"四人帮"还在台上，不停地给刘帅找麻烦，汪荣华大姐同意前去探望，是对自己莫大的信任。

到了医院，汪荣华亲切地询问雷保生近一段时间的学习工作情况，雷保生一一答复。她听说雷保生是因为当了先进到北京燃化部开会，也很高兴。

进入刘帅病房时，按医生的要求，汪荣华和雷保生都穿上了白大褂。看到刘帅在病床上躺着，身上插着管子，挂着吊针，雷保生的泪水在眼眶里不停地打转。想到刘帅为中国革命舍生忘死，戎马一生，战争年代超负荷付出，以至于落下一身病痛，雷保生感慨万千。

汪荣华俯下身子，在刘帅耳边说："老刘，雷参谋看你来了，是雷保生。"雷保生向刘帅敬了一个军礼，说："我是雷保生，看刘帅来了，望刘帅保重身体！"刘帅看看雷保生，似乎想起了很多事，他说了一声"好"。

因为年事已高，刘帅已不便多讲话，雷保生已无法再和他交流。雷保生和汪荣华大姐说了几句，安慰安慰她，就离开了。

回到铜川以后，雷保生一直不放心老首长的病情，多次打电话向王维章询问。后来王维章告诉他，刘帅经过治疗，好多了，病情也稳定了，不过还在医院住着。看来王维章说的是实话，刘帅到1986年才去世，活到94岁。

雷保生1945年8月离开滕代远，到刘司令员、邓政委身边工作后，就很少见到老首长滕代远了。到重庆西南局工作后，雷保生才知道滕代远已经担任中华人民共和国铁道部部长了。他想什么时候去北京开会，见一见老首长。

1950年6月15日，铁道部在成都举行了成渝铁路开工典礼。邓小平莅临致词，贺龙亲手将一面绣有"开路先锋"的锦旗授予筑路大军。那几天偏巧雷保生因为有其他事情，没有随邓、贺两位首长去成都开会。时任铁道部部长的滕代远也来到成都了，他这才知道雷保生在重庆西南局工作，就让参加会议的其他同志带话，让雷保生到成都去见面。

刚解放时没有私人电话，公用电话格外繁忙，交通也不方便，等雷保生得到信息时，已经两天过去了。雷保生心急火燎从重庆乘汽车往成都赶。

滕代远部长等了两天后，见雷保生还没有到成都，想他可能是因工作忙离不开，就坐车到重庆来了，想专程见雷保生一面后从重庆回北京。

雷保生赶到成都时，得知滕代远部长已经去重庆了。他再往重庆赶时，滕代远因公务繁忙，再也没时间等了，两人竟然为了这次见面错过了机会。滕代远部长本来是准备从成都直接回北京的，为见雷保生还专门绕了道，结果还是没有见上面，以后两人再也没有机会见面了。这次擦肩而过，在雷保生的心中留下了永远的遗憾。

三十七、"反击右倾翻案风"中再次被揪斗

1972 年前后，雷保生到省城西安开会，听到一个消息，蒲代英大姐在西安，他回来把这个消息告诉了周铮。周铮到处打听，终于得知，蒲代英大姐就住在西安一个公园附近的军队干休所里。

大儿子已经在工厂当了工人，周铮安排他到西安看望蒲代英大姐。老大从工厂里找了一位好友，带上母亲周铮买的一篮子土鸡蛋，还有一些修理工具，从铜川来到了西安。

老大一声"大姨"，让蒲代英很惊讶。报上姓名后，她很惊喜，说想不到你们能来看我，真的很高兴。她又有点担心，现在都这样了，你们还敢来？老大说，这有什么要紧，我爸爸妈妈让我来的，我们不怕。"文化大革命"头几年那么乱，我们都经历过了。

蒲代英的家里只有两个老年妇女，各种用具虽然都是公家配发的，但都很陈旧了。老大晃晃床，床摇摇摆摆。桌椅也都很不稳定。老大带去的工具派上了用场，他和同行的工友一起把蒲大姨家里的用具统统修理了一遍。

蒲大姨很高兴，中午还留老大两人在家里吃了午饭。同去的工友看出了中间的端倪，回去的路上问老大，这个老太太是谁，老大

如实告诉他了。这人也很讲义气，说你不怕，我也不怕。

就这样，多年未能联系的首长关系又接上了头。大儿子去看望后，雷保生和周铮都先后去看望了蒲代英大姐，雷保生还从矿上安排了一个工人，又一次带着工具来蒲大姐家，把她家里坏了的暖气片、暖气管都修好了。

由于王石凹煤矿成为先进典型，也由于雷保生多年来对党的工作认真负责，1973 年，他担任了铜川市委常委、铜川矿务局党委副书记。此时，雷保生已 51 岁，正是干事业的好年头。

1975 年，雷保生全家在铜川合影

1975 年底，"反击右倾翻案风"开始了，矛头直指主持中央工作的邓小平同志。"四人帮"反党集团乘机把批判"还在走的走资

雷保生、周铮与渭南老家亲人合影，前排中为继母齐春霞，前排左 1 为亲妹妹

派"运动推向全国，陕西和全国都受到了很大影响。

铜川的某些人看到了整人的好时机，立即把矛头又对准了雷保生。把他打为"邓小平的黑爪牙"，雷保生又一次被推到了风口浪尖。铜川市组织了 10 万人的批斗大会批斗雷保生，声势浩大无比。

省里的一位副书记批邓十分积极，在"反击右倾翻案风"中亲自带头上街游行。这一次他也来到了铜川，作为省里的支持力量，参加批斗雷保生的大会。

会场上，"走资派，还在走""死不悔改"等大幅标语铺天盖地，"打倒邓小平的黑爪牙"的口号声此起彼伏。

那些批判邓小平搞右倾翻案风的人还积极外出调查，重新审查雷保生的入党问题。他们甚至到北京刘伯承元帅的住处，刘伯承元帅并没有让他们走入住所，而是让人送出话来："雷保生不是党员？

那他还能来到我的身边当警卫参谋？"

那些人四处调查雷保生多年的工作情况，没想到雷保生到陕西工作十几年，他在煤矿是出了名的清廉公正，没有花过公家的一分钱。雷保生自带茶水上班，来人谈工作，是熟人，雷保生用自己的茶叶来招待他，不熟的人来谈工作，端上的就是一杯白开水。

调查雷保生的问题也是非常离奇："为什么铜川全局都完不成任务，而王石凹煤矿能完成任务？"在那个是非颠倒的年代，不搞生产成了好人，超产达标反而有罪。

当初，雷保生被解放出来工作时，周铮曾郑重向他提出：你出来工作要小心，他们在运动中没有能把你处理掉，就叫你去王石凹煤矿，你一工作就会出问题，那时正好处理你。因而，周铮要雷保生工作保持中游状态，既不要出头，也不要落在后面。雷保生不信这个邪，没想到周铮的话应验了，他成为超产典型后问题反而更多了。

施加的压力蔓延到了家庭和孩子。雷保生的二儿子在工厂工作，有人找他谈话，结果被他顶了回去。三儿子正在西安上大学，一天，学校党组织找他谈话，说铜川来电话要他回去接受有关单位的调查，具体是什么问题也没说。学校党组织态度鲜明：你可以回去，等调查完了再回来，学校依旧保留你的学籍。

三儿子回到铜川，在家里待了几天，不知道谁要调查他，也不知要查什么问题。他在家里住了好几天，没有任何人来找他谈事情，几天下来，不见任何动静。家里人仔细分析，就是有人在施加政治压力。于是，老三又毅然回到陕西的大学继续上学。

"四人帮"很快被粉碎了，不久，邓小平也重新出来工作，担任了中央的重要领导工作，但雷保生的问题却挂在那里迟迟得不到解决，一直拖到了 1979 年。

1985 年 11 月，铜川矿务局建局三十周年领导同志合影（前排左 7 为雷保生）

1985 年 11 月，铜川矿务局建局三十周年领导同志合影（局部。前排左 7 为雷保生）

三十八、任煤炭工业部煤矿科学研究总院西安分院副院长

　　1979 年，雷保生已经快 58 岁了，他能为革命工作的年头已经不多了。受批邓"反击右倾翻案风"的影响，雷保生一直没有安排工作。这样下去，实在不是事。万般无奈之下，近 30 年不愿打扰老首长工作的雷保生到了北京，去找邓小平同志申诉。

　　雷保生和邓小平的警卫参谋吕增科联系上了、与在北京的老战友吴长有、王维章以及刘光荣等人在蒲代英大姐家聚会，蒲代英住在北京市复兴门外的高干宿舍里。在那里，雷保生遇到了卓琳大姐。和卓琳大姐一番交谈后，卓琳大姐带着雷保生，坐上卓琳开来的车，到了老领导邓小平的家。

　　多年不见，重新走上党和国家重要领导人的邓小平依然精神饱满，健康状况非常好。邓小平思维敏捷，谈话句句抓着要点。雷保生介绍了自己的情况，刚说了几句，邓小平已经明白了他的来意。

　　邓小平同志说，比比刘少奇，比比贺龙同志，你觉得怎么样？雷保生笑笑，他在心里说，这当然没法比。

　　邓小平说，你站起来走走。雷保生站了起来，在屋子里走了几

步。邓小平又说，你挥挥胳膊，踢踢腿。雷保生按照老领导说的，甩了甩胳膊，踢了踢腿。

看到雷保生的身体状况，邓小平点点头，很满意，他说，很好嘛。他又问雷保生，你还没有工作吗？雷保生说，是的。

邓小平略一思忖，很快告诉雷保生，要相信组织，问题很快就会得到解决。

从北京回来不久，中央有关部门的咨询电话就到了陕西省委。省委领导同志答复说，我们已经调查过了，雷保生同志没有任何问题，他的工作很快就会得到适当安排。

1979 年 6 月，雷保生调到西安，担任了中国煤炭科工集团西安研究院副院长（当时名为中国煤炭工业部煤矿科学研究总院西安分院）。和过去 20 年工作的性质有所不同，西安煤研院是煤炭系统从事煤矿安全与地质勘探的大型科研机构。

西安煤研院 1956 年成立，1965 年 8 月整建制从北京迁到西安。经过 55 年的发展，已成为我国煤炭系统专业从事煤炭地质与勘探，煤矿安全高效开采地质保障技术、装备与工程领域唯一具有突出优势的国家重点高新技术企业。主要从事煤田地质、水文地质、工程地质、地球物理勘探、钻探技术、岩土工程、环境工程、煤层气资源评价与开发等专业的应用基础研究、技术开发与服务，产品的研发与生产，以及工程承包业务，其专业范围基本涵盖了煤田地质勘探与煤矿地质安全业的主要专业与技术领域。

雷保生的工作是负责全院的后勤保障与基本建设。雷保生上任之时，西安煤研院正在从科研机构向科研企业转变的过程中。过去习以为常的事情，进入市场经济后都变成了问题。

20 世纪 80 年代初，中共煤科总院西安分院第五次代表大会（前排右 2 为雷保生）

因为几十年都是科研机构，煤炭研究院当时的大门对着一条小街，也没有影响全院的工作进展。但改革开放后，面临的是为客户服务，为方便客户，大门的朝向就要重新考虑。

雷保生负责后勤保障的一项重要工作，就是把煤炭研究院的大门从面临小街调整到面向主干道（即雁塔路）的大街上来。随着这项工作的开展，也为了适应业务的不断扩大，煤炭研究院需要建设一座业务大楼。

雷保生的全部精力都投入到大楼的立项与审批当中。"文化大革命"中，不断受批斗，不断受干扰，雷保生觉得浪费了太多的精力与时间，非常愿意投入到现代化新长征的征程中。他和院里的同志一起到北京煤炭部去积极申请立项，申请建设资金。

同行的同事大都比雷保生年轻许多，他们很尊敬这位老八路、老革命，不愿让他累着，经常招呼他多休息。可雷保生更愿意到处联系，把每项进展落到实处，他觉得这样心里才有踏实感。

雷保生在革命战争年代中结下的友情给了他们这趟北京之行以很大的便利，看到雷保生亲自出马，煤炭研究院的项目顺利获批，办公大楼的建设很快就动工了。雷保生又去到处跑建筑材料，钢材、水泥等等，在当时都是紧俏商品。对于雷保生来说，这些都是不费力气的事情。他在铜川矿务局工作近20年，和这方面的供销单位打交道颇多，解决基本建设的物资供应，对他来说可以说没费什么力气。

这时，雷保生的视线又被另一件事所触动。20世纪70年代末，大城市的家庭普遍使用煤升火做饭，煤气是一件受计划控制、一般科研单位可望而不可即的奢侈工程。

看到几百个科研技术人员经常为做饭用煤的事情而忙忙碌碌，雷保生觉得很不对劲。他到煤气公司去调研，向他们申请为院里的每户科技人员家庭，配发一个煤气罐，这样就可以节省他们大量做家务的精力，给国家的煤炭开发研究做更多的贡献。

煤气公司的人告诉雷保生，给煤炭科学研究院的科技人员每户配一个煤气罐不是问题，关键是没有煤气的指标。陕西当时不产煤气，煤气都是从兰州用火车拉过来。煤气是按指标供应的，没有兰州的供气指标，西安的煤气公司是不可能供应煤气的。

兰州和西安分属甘肃和陕西两个省，因而申请煤气指标是一件非常麻烦的事情。按一般人的思维常规，这件事情应该到此止步了。但雷保生没有放弃，按战争年代的做法，这件事远没有完。

雷保生向院里提出，到兰州去一趟，看看能否弄点煤气指标回来，彻底解决科技人员的煤气使用问题。院里同意了，他们并没有多问，他们不知道雷保生到底有没有把握能做成这件事。

其实雷保生和兰州的煤气生产单位没有任何关系，也不认识甘肃煤气审批方面的任何一位领导，只是凭着关心群众生活、要解决问题的决心，他到了兰州，硬生生地闯到了煤气生产与计划审批机构。

看到一位即将退休的科研机构的领导干部专门从西安来到兰州申请煤气指标，工作人员都心生尊敬。他们很明白，这是真正地为群众、为科技人员着想。一般来说，像雷保生这样年纪的领导干部家里，使用煤气罐不是问题。他们便迅速把问题反映给了单位领导，并且促成了雷保生与单位领导的交谈。

没想到的是，这位领导当年也是二野的老同志，雷保生和他交谈之后，互相觉得格外亲切。他们年龄也差不多，都知道即将要退出工作岗位，他们都有心要在这有限的时间里，为革命多做一点贡献。一番交谈之后，那位领导痛快地批给了雷保生两车皮的煤气指标。这些煤气指标，足够西安煤炭研究院使用，还有相当多的富余量。

雷保生高兴之余，想到了要感谢一下这位从未谋面的老战友和负责煤气供应的同志。他从没有用公家钱的先例，就自掏腰包，在兰州请了一次客，答谢了这位领导和具体办事人员。

雷保生带着煤气指标回到西安，西安煤气公司的员工也非常高兴。这些额外的煤气指标，不仅能满足西安煤炭研究院的使用，也给他们提供了多余的气源。

西安煤炭科学研究院的职工更是兴高采烈，每家每户都用了煤气，是全市第一家全部解决使用煤气的单位，这为全体科研人员解决了天大的后顾之忧，同时也为全院的全体职工带来了意想不到的福利。

三十九、离休后与战友重叙革命友情

　　1982 年，雷保生满 60 岁了，他要求退休，西安煤炭科学研究院盛情挽留，任命他为顾问。雷保生又干了 2 年，他不愿意再干下去了，觉得顾问没有什么事情做，顶着享受的头衔对他来说是很难

1983 年春节，雷保生、周铮与家人合影

受的事情。把革命工作的位置留给年轻人吧，革命了几十年，退下来后，会会当年的老战友，这也是一种人生的享受。

1986年春节，雷保生、周铮全家福

1995年，雷保生、周铮和妹妹妹夫在杭州

雷保生坚决辞退了单位的挽留和聘请，开始了他的离休人生。对于经历过战争年代洗礼的一代人来说，离休下来的第一件事情就是战友聚会。几十年的历史沉淀，他们对经过血与火的战友情谊看得格外重。

雷保生聚会战友的第一站是到成都，他当年的战友康理在成都军区运输部工作。从解放战争开始，康理就担任刘伯承的警卫员，千里转战大别山，到了淮海战役，缴获了几百辆国民党军队的卡车，康理一直对驾驶汽车很感兴趣。淮海战役结束后，他心随人愿，随着这几百辆卡车，到了新组建的二野汽车部队，以后也到了大西南。一直在成都军区后勤部的运输部工作，直到担任运输部部长。

成都军区担负着西藏军区的物资保障任务，设有川藏、青藏两个兵站部，从川藏、青藏两条公路线，来回行驶着四五个汽车团运

2000 年，雷保生、周铮与原刘伯承警卫员康理（前排左 2）合影

送物资。每年四五月开始，到九十月大雪封山前，上千辆汽车没日没夜地往西藏高原运输各种战略保障物资。"文化大革命"期间，成都地区动乱严重，各级领导干部不断受冲击。成都是二野的大本

1986 年，雷保生与老战友合影。左 1 为雷保生，右 2 为刘光荣（原邓小平警卫参谋）

2000 年，雷保生、周铮与原刘伯承警卫员康理（前排左 1）合影

营，二野的各级干部在地方任职，他们受到冲击后，实在没处躲，就到老部队寻找避风的地方，地方上工作的领导干部也纷纷跟着到部队避难。

那时，往青藏高原上运送军事物资是受到保护的。康理专门负责管理物资运输，因而这些人都先后找到了康理。有战争年代的感情打底，康理丝毫不理会政治上的干扰，他把这些领导干部都安排到了前往拉萨的川藏线、青藏线的运输队伍里。这些领导干部随车出发，一走就是十天半个月，甚至更长的时间，造反派再也找不到他们，不知他们的去向。而运输车队一路有兵站部的站点接待，吃住都不愁。

在动乱的年代里，康理用这种特殊的方式，保护了一大批成都地区的领导干部。因而在成都地区，康理的人缘极好，威望也极高。

雷保生去成都时，康理还没有退下来。他带着部下来迎接雷保生。他告诉自己的部属，雷保生是自己的老首长。成都军区后勤运输部部长职位已经很高，看到他对自己的老首长这样尊重，所到之处格外盛情。康理陪着雷保生看望在成都市的老战友，大家重议战火中的友情，游玩格外尽兴。

从成都出发，雷保生到了绵阳，绵阳市的专员周昌瑞在太行山时期担任刘伯承的警卫员。千里"跃进"大别山时，他作为骨干，留在了晋冀鲁豫解放区，后来参加南下干部团到了成都，一直在绵阳市工作。看到了当年的老领导和老战友，周昌瑞也是格外兴奋。

从绵阳市出发，雷保生又到了重庆，他沿江而下，准备一览长江及三峡的大好风景。没想到到了重庆后，接待的老战友一叙，当

20 世纪 90 年代，雷保生、周铮在扬州

2001 年，雷保生在秦山核电站

2004 年 10 月，雷保生、周铮在黄河壶口瀑布

年的西南军区侦保队成员，有很多都在长江航运沿线工作，从万州、巴东、宜昌、荆州，一直到武汉都有侦保队的老人。

这些当年侦保队的老战友、老部下的激情与关爱尽情挥洒倾泄，他们一路上不断改变雷保生的行程，要雷保生沿长江每到一个地方都下来游玩，和当年的战友见面聚会。长江每天都有船沿江上下，雷保生聚完战友后，又被送上船继续行走。从重庆到武汉，雷保生停了 4 站，和沿途的战友尽情享受相聚之幸福。

雷保生除了自己单独与战友聚会外，还和老伴周铮一起，参加周铮的同学战友聚会。

1949 年在全国三大战役结束后，刘伯承、邓小平贯彻执行党中央进军大西南的决定，从上海、江苏、浙江、安徽等地招收一批知识分子去解放、建设大西南。1949 年 6 月，中国人民解放军西南服务团在上海筹建，以老干部为骨干和一大批进步青年为主体的有 1.7 万人的西南服务团，跟随中国人民解放军第二野战军向大西南挺进。其中，7000 多人的西南服务团重庆团于 1949 年 12 月 17 日前后到达重庆。

渡江总前委驻在江苏丹阳，丹阳一中受革命形势的影响，一大批学生报名参军，周铮的同学大都到了西南服务团。半个世纪以来，他们扎根西南，奉献西南，为祖国西南的革命和建设作出了重要的贡献。

2004 年 5 月，西南军区后政文工团老战友南京团聚会。前排左 7 为雷保生，左 8 为周铮

20 世纪 80 年代中期，周铮和她的同学大都到了离休的年龄。丹阳一中的西南服务团同学经常聚会。周铮虽然不是从西南服务团参军的，但西南服务团中有一大批她的同学，这样的聚会每年都要

1996 年 10 月 17 日，原西南军政大学同学聚会，前排左 3 为周铮，前排左 4 为黄惠群（原中央电视台台长）

搞一两次，周铮也是必去的成员之一。

周铮的西南服务团同学中，有一位男同学经历特别坎坷，1958 年时曾被错误地打成"右派"，长期受到不公正的待遇。但这位同学对组织对革命非常忠诚，他在逆境中依然保持向上的斗志。平反离休后组织同学聚会特别积极，甚至还搞了房地产生意，以支持同学聚会。

更曲折的是，在从事房地产生意中，周铮的这位同学还遇到很大挫折，一度面临破产和债务追索。周铮和当年的同学战友慷慨解囊，以力所能及的有限财力支持他渡过难关。在克服困难的过程中，同学加战友的情谊更加深厚。因而，有几年，丹阳中学西南服务团的同学聚会相对很密集。每次聚会，周铮和雷保生都全程参加，这给他们离休后的晚年生活带来了无穷的快乐与回味。

2004 年 10 月，雷保生与夫人周铮在延安

2011 年春节，雷保生与夫人周铮

后　记

　　一个偶然的机会，2017年8月，经朋友介绍认识了雷保生老人。而真正萌动要写他的念头，则是来自对刘邓大军强渡汝河一个细节的订正。

　　强渡汝河，是刘邓大军千里跃进大别山途中的一个严峻时刻。刘邓三路大军左右两路已经渡过汝河，中路刘邓司令部来到汝河前，国民党军已经占领对岸，后面的数十万追兵极为迫近。

　　一本很有名的描述二野征战纪实的作品在谈到刘邓紧急召开强渡汝河会议时这样写道：靠近汝河的一个屋子里，警卫人员用背包堵住亮灯的窗户，子弹嗖嗖打在背包上……我觉得战场细节描写这样细，应该很准确精彩了。

　　得知雷保生老人当年是刘邓司令部的警卫参谋，我向他求证。他告诉我，这离事实相差太远。虽然当时军情万分紧急，但安全保卫工作还是有条不紊。刘邓这么高级的司令部举行会议，是在离汝河北岸十几里的地方，情况还没有到冒着子弹嗖嗖的危险开会的地步。

　　我又看了许多关于强渡汝河的回忆文章，大家都谈到了有这么一次紧急会议，谈到刘伯承说出了"狭路相遇勇者胜"的名言。但会议在何处召开无人提及，也可能是在哪开会无关紧要，很多人确实不知情更是事实。征战途中万分紧急下召开的会议，除了参会首长，就只有警卫人员是知情人了。

从这件事情上，我又一次认识了雷保生老人的生命价值。他的意识中，储存着一座独特的历史富矿。他的视野及经历，一般人难以企及。他的回忆和口述，为人们认识历史提供了一个独特的角度。

采访和写作由此真正展开。尽管雷保生老人已经是 95 岁的高龄，但记忆依然清晰，一谈就是两三个小时，中间也不休息。他仪表堂堂，身板挺直，接受采访时很少喝水。他的亲属告知，这是多年在刘邓首长身边养成的习惯，工作时很少喝水，为的是不上厕所，把全部精力都投入到关注首长的安全保卫之中。还有，即便天气再炎热，在家里也从不见他穿背心，从来都是短袖正装。长期在高层机关工作，仪表也是非常重要的修炼。这些，都成为传统和生活习惯保留了下来。

雷保生老人 1938 年 7 月参加革命，先后担任何长工、滕代远的警卫员，后又任刘邓司令部警卫参谋，从太行山到西南局，担任西南军政委员会公安部保卫科副科长、侦查队队长，负责刘伯承、邓小平、贺龙、宋任穷等领导的保卫工作。他的政治人脉可谓深远，但在工作中他从不提及，也不动用。"文革"前夕，原二野纵队政委、煤炭工业部部长张霖之到陕西铜川检查工作，翻开干部花名册，发现了"雷保生"的名字。他问，是那个在二野工作的雷保生吗？得到肯定后，他召见了雷保生，第一句话竟是："你这家伙，怎么钻到这里来了?"而"文革"后周铮见到宋任穷夫人钟月林大姐时,钟月林大姐也说了一句:"你怎么不来找我们啊!"

在雷保生夫妇心里,他们参加革命的一切,都是为了人民的利益工作。他们从没想过动用为首长的工作关系,为个人获取什么。坚定朴素的政治信念,贯穿他们革命生活的一生,随着时间的流逝,越发显示出永恒的可贵与光彩!

叶　鹏

2018 年 11 月

责任编辑：郑　治
封面设计：石笑梦

图书在版编目（CIP）数据

从太行山到西南局：雷保生革命生涯纪实／叶鹏　著．—北京：人民出版社，
　2018.12
ISBN 978－7－01－020061－3

I.①从…　II.①叶…　III.①雷保生－传记　IV.① K827=7
中国版本图书馆 CIP 数据核字（2018）第 267048 号

从太行山到西南局

CONG TAIHANGSHAN DAO XINANJU

——雷保生革命生涯纪实

叶　鹏　著

人民出版社 出版发行
（100706　北京市东城区隆福寺街 99 号）

北京盛通印刷股份有限公司印刷　新华书店经销

2018 年 12 月第 1 版　2018 年 12 月北京第 1 次印刷
开本：710 毫米 × 1000 毫米 1/16　印张：13
字数：142 千字

ISBN 978－7－01－020061－3　定价：35.00 元

邮购地址 100706　北京市东城区隆福寺街 99 号
人民东方图书销售中心　电话（010）65250042　65289539